Ein frühes Wiener ABC-Buch, an und für sich schon von höchster Seltenheit, ist hier wiedergegeben nach jenem Exemplar, aus dem der älteste Sohn Maria Theresias, der spätere Kaiser Joseph II., lesen gelernt hat.

Verfasser des 1741 erschienenen Buches, zu dem der Universitätskupferstecher Thomas Bohacz Bilder beisteuerte, war Johann Balthasar von Antesperg (1682–1765). Der als Anwalt am Reichshofrat tätige Jurist wollte durch die Widmung seiner Fibel an den Thronerben den Deutschunterricht an den Schulen fördern – durch Lehrbücher aus seiner Feder, versteht sich.

„Das Josephinische Erzherzogliche A.B.C. Oder Namenbüchlein", in dem vorliegenden Nachdruck von Gerda Mraz kundig erläutert und in den Rahmen der Kulturpolitik der ersten Regierungsjahre Maria Theresias gestellt, erweist sich als aufschlußreiches Dokument der Frühaufklärung in Österreich, das zugleich – durch seine eingängige Text- und Bildgestalt – noch heute anspricht und gefällt.

D1665841

Johann Balthasar von Antesperg

Das Josephinische Erzherzogliche A.B.C. Oder Namenbüchlein

Nachdruck des Widmungsexemplars von 1741
im Landesmuseum Joanneum in Graz

Mit einem Nachwort von Gerda Mraz

Harenberg

Das Landesmuseum Joanneum in Graz, Abteilung für Kunstgewerbe, stellte freundlicherweise das Widmungsexemplar von 1741 (Inventar Nr. 1121) als Vorlage für diesen Nachdruck zur Verfügung.

Die bibliophilen Taschenbücher
Alle Rechte für diese Ausgabe bei
Harenberg Kommunikation, Dortmund 1980
Gesamtherstellung: Karl Hitzegrad, Dortmund
Printed in Germany

Inhalt

Das Josephinische Erzherzogliche A. B. C. Oder Namenbüchlein

In Zweyerley Schriften,

Mit vielen angenehmen, zur Unterweisung dienlichen Figuren und Vorschriften,

Wodurch sowohl junge, als auch erwachsene Leute auf eine vernünftige Weise in kurzer Zeit das Buchstabiren und Lesen in zweyerley Schriften ganz leicht lernen, und anbey zum Schreiben, Rechnen, und Christlichen Sitten mit geringer Mühe und Unkosten sonderbar geschickt werden können.

Mit allergnädigster Freyheit.

Wien, gedruckt bey Johann Ignatz Heyinger, Hochfürstl. Erzbischöfl. Hof-Buchdrucker, An. 1744.

PRIVILEGIUM IMPRESSORIUM.

DEn Buchdruckern, Buchführern und Buchhändlern dienet hiemit zur Nachricht, wie daß der Autor dieses Werkleins über alle seine Theile mit einem geschärften, und mit fünf Märken löthigen Goldes verpönten Privilegio impressorio, sowohl in den Königl. Erblanden, als auch im ganzen Heil. Röm. Reich allergerechtest verwahret sey.

Der heilige Hieronymus
sagt in einer Epistel:

Man soll diejenige Dinge nicht für kleine ansehen, vielweniger vernachläßigen, ohne welche die grosse niemal recht erfolgen können.

CENSURA.

CUm edoctus sim, præsens opusculum approbatum esse ab Aula, cui dedicatur, censeo, quantùm ad me pertinet, imprimi posse, si ita videbitur Perillustri ac Magnifico Domino Rectori Universitatis.

P. ANT. PAMER, S. J.
p. t. Prof. Rhet. mpp.

Imprimatur.

JOANN. JOSEPHUS FRAISL,
p. t. Rector Universitatis, mpp.

An

Den Durchleuchtigsten

Zu Hungarn, und Böheim

Königlichen

Erbprinzen

JOSEPH

Erzherzogen zu Oesterreich

2c 2c.

Unterthänigste

Zuschrift.

Durchleuchtigster Erzherzog,

Gnädigster Erbprinz und Herr!

Die Gewißheit der Sprache ist das Merkmal eines klugen Volkes, eine grosse Zierde des Hofes, und ein unerschöpflicher Nutzen in allen guten Geschäften und Wissenschaften. Wann wir demnach durch Eure Erzherzogl. Durchl. der Gewalt des reinen Ausdruckes in eigener Sprache mächtig werden köñen, so erweisen höchst Dieselbe schon in der zarten Jugend dem Deutschland unstreitig eine grössere Wohlthat, als Carl der Grosse, und alle bisherige Kayser.

Damit nun diese allgemein nützliche Absicht in dem Werke selbst erfolgen, und Oesterreich hierunter besonders die Gnade haben möge, Eure Erzherzogl. Durchl. als den Stifter und Urheber der unschätzbaren reinen deutschen Literatur unterthängst zu rühmen, zu lieben, und zu verehren: So habe nebst andern gegenwärtiges Lehrbüchlein in zweyerley Schriften zum rechten Anfang der deutschen Schulen einrichten, und solches Eurer Erzherzoglichen Durchleuchtigkeit allerdevotest zuschreiben, mich aber, als den Verfasser zu Dero höchsten Hulden und Gnaden unterthänigst empfehlen sollen.

Eurer Erzherzogl. Durchleuchtigkeit

unterthänigster/ treuer/ gehorsamster

Johann Balthasar von Antesperg.

Wann der Knabe singet, so schreÿet er a, a, a.

Wann der Bock blöcket, so schreÿet er be, be, be.

Wann der Knab mit einer Hand seine zehe am Füsz hält, so spricht er ce, ce, ce.

Wann man den Hünd locket, so spricht man de, de, de.

Wann ein Kind dem andern die Weintraube nim̄t, so spricht es e, e, e.
Wann man das Feüer anblaset, so spricht man ef, ef, ef.
Wann der Knab den Hund von sich wegtreiben will, so spricht er geh, geh, geh.
Wann ein vollgesoffener Baüer lachet, so schreÿet er ha, ha, ha.

Wann eine Mutter
fraget: Wer will die
sen Apfel, so sagen
die Kinder i, i, i.
Der erste Buch-
stabe von der Katze
heißt k,
Wann man die
Glocke laüttet, so
klinget sie el, el, el.
In der Emsigkeit
heißt die erste Syl-
be em.

Der erste und letzte Buchstabe in dem Wort Nasen heißt, n.

Wann ein Knab mit einem Hunde fahret, und still halten will, so schreyet er, o.

Das Geschrey des Lämmleins ist pe, pe, pe.

Die Bäurin sagt dieses Thier heißt Kuh.

Wann der Knabe
den Hund reitzet,
so spricht er dabey
er, er, er.
Wann zwey Kinder
mit einander eszen,
so spricht eines zum
andern esz.esz.esz.
Wann die Knaben
einen Cathar ha-
ben, so giebt man
ihnen Thee.
Der erste Buch=
stabe in einer Uhr
heiszt u

Wann das Kind einen Product oder Schil-ling bekommt, so schreüet es we, we, we.

Wann der Knabe die Hünde züsammen hetzet, so zischet er mit der zünge ix, ix, ix.

Der aüf die Tafel geschriebene Büchsta-be heißt Ypsilon.

In dem Wort Zet-tel heißzet der erste Büchstab zet.

Der Gebrauch dieser Vorschule.

Nota 1. Die Unterweisung in gegenwärtiger Vorschule zu dem A B C - oder Namenbüchlein beschiehet durch kindische Fragen. Z.E. *Wie spricht der Knabe, wann er singet?* Antwort: *a. a. a.* Hiebey sagt man dem Schulkinde: *Dieser Buchstabe heißt auch a.* und zeigt ihm solchen in dreyerley Gestalten mit dem Zeiger. Mit dieser ergötzlichen und leichten Lehrart fährt man durch alle Buchstaben fort, bis das Schulkind spielend bey nahe das ganze Alphabeth aus den Figuren daher lesen und das erste gedruckte A. B. C. fast selbst aussprechen kan, welches bereits Kinder mit 3. und 4. Jahren mit vieler Liebe zum Lernen und besonderer Belustigung erhalten haben.

Des Josephinischen Erzherzoglichen A. B. C. Oder Namenbüchleins.

In zweyerley Schriften, mit beständigen Notis, oder Anmerkungen für die deutsche Schul- und Lehrmeister, wie sie hieraus die zarte Jugend recht instruiren sollen.

Erstes Capitel.

Von deutschen Buchstaben ins gemein, und deren anfänglicher Eintheilung in achterley Gattungen.

Nota 1. Wann die Kinder in der Vorschule allhier durch die Figuren und kindische Fragen die Buchstaben in etwas kennen gelernet: so werden sie gegenwärtiges Capitel ganz leicht erhalten.

Nota 2. Daß die Schulkinder auf der folgenden Seite erstlich das gedruckte A B C. und nachmals, wann sie vorhero die zwölf erste Capitel allhier lesen gelernet haben, auf der andern Seite auch das geschriebene *A B C.* lernen sollen: damit sie den unvergleichlichen Vortheil erreichen mögen, sich mit einer Mühe (gleich anfänglich beym ersten Eingang in die deutsche Schule) nicht allein die gedruckte, sondern auch die rein geschriebene deutsche Buchstaben bekannt zu machen.

1. a b c d e f g h i k l m n
o p q r ſ t u v w x y z.

2. a b c d e f g h i k l m n
A B C D E F G H J K L M N
o p q r ſ t u v w x y z.
O P Q R S T U V W X Y Z.

3. a b c d e f g h i k l m n o p q r ſ t u v w x y z.

4. z y x w v u t ſ r q p o n m l k i h g f e d c b a.

5. a e i o u y | A E J O U Y
ä ö ü | Ae Oe Ue

6. b c d f g h [j] k l m n p q r [ſs] t [v] w x z.

7. ff. ll. mm. nn. pp. rr. | ſſ. ß. | tt.

8. bl. ch. ck. cr. ct. fl. fr. gn. pf. pr. pſ. ſch. ſp.
ſt. tr. tz.

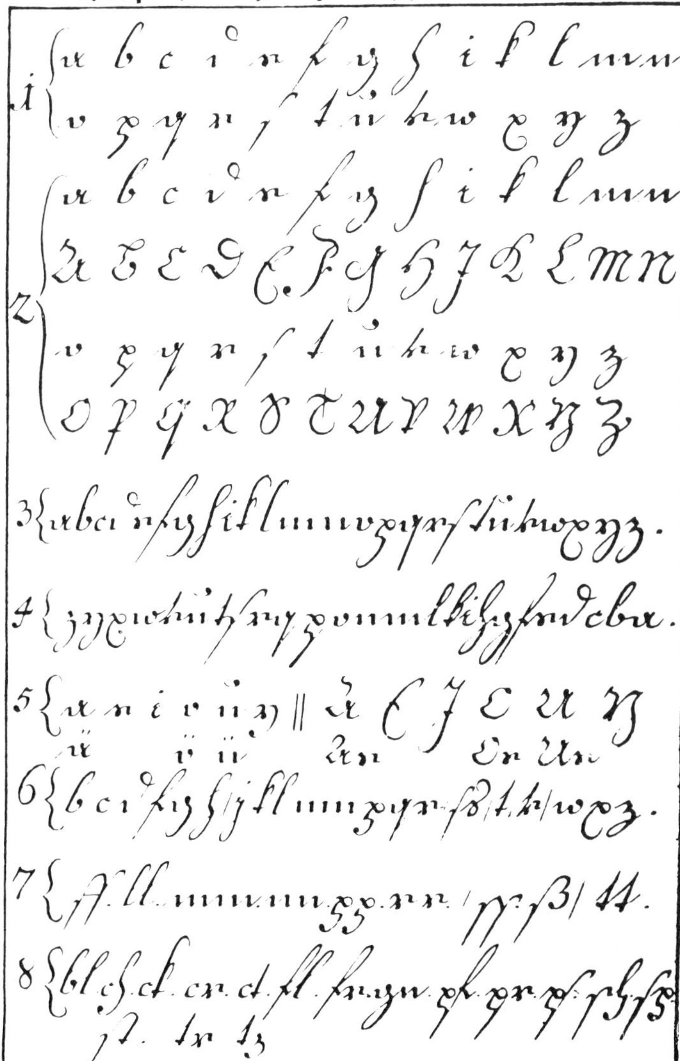

Cum P. S. C. Maj.

Th. Bohacz sc.

Nota 3. Daß man die rechte Eintheilung und die gelehrte Erklärung der deutschen Buchstaben den Kindern allhier noch nicht geben könne; man sehe sie im zweyten Theile des wohleingerichteten Oesterreichischen Lehrbüchleins, Cap. 1. 2. & 3.

Nota 4. Wann die Schulkinder in einigen Buchstaben dieses Capitels anstossen, so soll man sie fein fleißig in die Vorschule zurücke führen, und ihnen die Buchstaben daselbst bey den Figuren weisen.

Nota 5. Sobald die Schulkinder die erste zwölf Capitel allhier gelernet haben, so sollen die Præceptores, Instructores, Schul- und Lehrmeister, &c. den Schulkindern das gegenwärtige erste Capitel in beyden Schriften mündlich deutlich erklären, und factâ declaratione, die Schulkinder auch nachmals mit einer Discretion und Bescheidenheit hieraus leidlich examiniren; Z. E. (1) Welche sind die kleine Buchstaben? (2) welche sind die kleine und grosse zugleich? (3) welche die zusammen gefügte? (4) welche gehen zurücke? (5) welche sind die 6. Vocalen? (6) welche die einfache 18. Consonanten? (7) welche die 8. doppelte Consonanten? (8) welche sind die beysammen hangende, das ist, diejenige Buchstaben, die man im Buchstabiren und Schreiben nicht zertheilen darf?

Connexion. Wann man die Buchstaben und das erste Capitel zurücke geleget hat, so muß man auch die Sylben recht lernen. Sit ergo.

Zweytes Capitel.

Von den deutschen Sylben, welche aus einem oder mehr Buchstaben gemacht werden.

(1) Aus einem.

a	e	*i	o	u
		y		

(2) Aus zweyen.

ab	eb	*ib*	ob	ub
ad	ed	id	od	ud
af	ef	if	of	uf
ag	eg	ig	og	ug
am	em	im	om	um
an	en	in	on	un
ap	ep	ip	op	up

ar	er	ir	or	ur	ka	ke	ki	ko	ku
as	es	is	os	us	la	le	li	lo	lu
at	et	it	ot	ut	ma	me	mi	mo	mu
ax	ex	ix	ox	ux	na	ne	ni	no	nu
					pa	pe	pi	po	pu
ba	be	bi	bo	bu	ra	re	ri	ro	ru
ca [ka]	ce	ci	co [ko]	cu [ku]	sa	se	si	so	su
da	de	di	do	du	ta	te	ti	to	tu
fa	fe	fi	fo	fu	xa	xe	xi	xo	xu
ga	ge	gi	go	gu	za	ze	zi	zo	zu
ha	he	hi	ho	hu	zu	zo	zi	ze	za
ja	je	ji	jo	ju					

Nota 1. Die Kinder sollen allhier anfänglich nur die Buchstaben daher sagen, die Instructores aber die Sylben selbst aussprechen, und sich die ausgesprochene nachsagen lassen. Man kan auch anfänglich von hier einen Absprung zu den Figuren in das 3. 4. 5. 6. und siebende Capitel nehmen, weil die zarte Jugend daselbst leichter, nützlicher und williger lernen und aussprechen wird; Dann eine Sylbe ist nur ein leerer Ton, und heißt einfolglich in sich selbst nichts, weil sie nur ein Glied eines Worts ist, mit einem jeden Worte aber ist ein gewisser Begriff verknüpfet,

(3) *Sylben aus drey Buchstaben.*

* * *

bra	bre	bri	bro	bru	dra	dre	dri	deo	dru
cra	cre	cri	cro	cru	fra	fre	fri	fro	fru

gra	gre	gri	gro	gru	qua	que	qui	quo	quu
hab	heb	hib	hob	hub	rad	red	rid	rod	rud
kal	kel	kil	kol	kul	ſag	ſeg	ſig	ſog	ſug
lab	leb	lib	lob	lub	tan	ten	tin	ton	tun
mar	mer	mir	mor	mur	van	ven	vin	von	vun
nar	ner	nir	nor	nur	war	wer	wir	wor	wur
paf	pef	pif	pof	puf	zar	zer	zir	zor	zur

Nota 2. Daß die Schulkinder die mit lateinischen Buchstaben geschriebene Rubricken und Notas alhier nicht zu lernen haben: Dann sie sind nur zur Direction und Erleichterung des sauren Schweises der Schul- und Lehrmeister, beygesetzet wordē.

(4) *Sylben aus vier Buchstaben.*

* * * *

arch	erch	irch	orch	urch
brat	bret	brit	brot	brut
drat	dret	drit	drot	drut
frad	fred	frid	frod	frud
garn	gern	girn	gorn	gurn
maſt	meſt	miſt	moſt	muſt
ſpra	ſpre	ſpri	ſpro	ſpru
ſcha	ſche	ſchi	ſcho	ſchu

rach	rech	rich	roch	ruch
star	ster	stir	stor	stur

(5) Sylben aus fünf Buchstaben.

* * * * *

brach	brech	brich	broch	bruch
schar	scher	schir	schor	schur
wasch	wesch	wisch	wosch	wusch

(6) Sylben aus sechs Buchstaben.

* * * * * *

barsch	bersch	birsch	borsch	bursch
schlag	schleg	schlig	schlog	schlug
schlam	schlem	schlim	schlom	schlum

Nota 3. Die Instructores wollen fleissig in Acht nehmen, was allhier oben bey Nota 1. ist angemerket worden.

(7) Sylben aus sieben Buchstaben.

* * * * * * *

schrack	schreck	schrick	schrock	schruck
schrank	schrenk	schrink	schronk	schrunk
schmalz	schmelz	schmilz	schmolz	schmulz.

Nota 4. Eine Sylbe ist gemeiniglich nur ein Glied oder Theil eines Wortes, und per accidens oder zufälliger Weise zuweilen auch selbst ein Wort, wie solches in diesem Capitel die Sylben ab/ am/ be/ da/ du/ ja/ im/ in/ so/ zu/ ꝛc. ganz klar erweisen. Dahero soll man die Kinder das erstemal hierinne nicht lange aufhalten, weil die Wörter nützlicher sind als die Sylben.

Nota 5. Wann die Schulkinder dieses zweyte ganze Capitel von den deutschen Sylben ins gemein das zweyte Mal durchgelernet haben, so soll man sie auch fragen, wie viel Buchstaben eine jede rubricirte Sylbe habe, und dieselbe durch die allhier beystehende Sternlein zur schleuniger Antwort abrichten: *Damit sie gleich anfänglich gewöhnet werden, auch dermahleins zu wissen, was sie syllabisiret, oder gelesen, oder gelernet haben; und einfältiglich nicht wie die Papageyen immer dahin lernen, als welche zwar etwas lernen, aber gleichwohl eigentlich niemal wissen, was es sey.* *Connexion.* Die Knaben sollen bald anfänglich wissen, ob die in den Sylben befindliche Buchstaben Vocalen, oder Consonanten seyen. Also folget

Das dritte Capitel.

Von Betrachtung der Vocalen und Consonanten in den Sylben ins besondere.

(1) *Sylben, wo die Consonanten voran stehen.*

ba be bi bo bu
da de di do du
ga ge gi go gu

(2) *Sylben, wo die Vocalen voran stehen.*

ab eb ib ob ub
ad ed id od ud
af ef if of uf

(3) *Sylben, wo der Vocal zwischen zweyen Consonanten stehet.*

gan gen gin gon gun
das des dis dos dus
pam pem pim pom pum

(4) *Sylben, wo zweene Consonanten vor dem Vocalen stehen.*

bla ble bli blo blu
bra bre bri bro bru

***Nota* 1.** Dass man dieses ganze Capitel das erste Mal auslassen könne, bis die Kinder die Wörter haben buchstabiren gelernet: Dann sie müssen vorhero den Unterschied der Buchstaben begreifen, bevor sie es nützlich lernen können.

(5)

(5) Sylben, wo drey Consonanten vor dem Vocalen stehen.

scha sche schi scho schu
stra stre stri stro stru
spra spre spri spro spru

(6) Sylben, wo zweene Consonanten nach dem Vocalen stehen.

abs ebs ibs obs ubs
ans ens ins ons uns
ars ers irs ors urs

Nota 2. Wann die Knaben diese Sylben buchstabiret und das letzte Mal gelesen haben, so soll man ihnen auch die Versetzung der Vocalen und consonanten hierinnen erklären, und sie hieraus freundlich examiniren, ob sie es verstehen, damit sie ein buchstabliches Judicium zwischen den Sylben Vovalen und Consonanten erlangen.

Connexion. Aus den Buchstaben werden nicht allein Sylben, sondern auch ganze Wörter gemacht: Nachdem man nun die Buchstaben und Sylben in etwas gelehret und gelernet hat, so erfordert die natürliche Ordnung, daß wir auch zu den Wörtern schreiten. Sit ergo.

Das vierte Capitel.

Von Wörtern, welche theils zweene, drey, vier, fünf, sechs; theils sieben und mehr Buchstaben haben.

(1) Zweybuchstabliche Wörter.

* *

ab, am, an, Au, au, be, da, du, er, es Ey, ey, ge, ja, im, in, so, ob, um, un, ur, zu, rc.

Nota 1. Daß die Deutschen (die Interjection o ausgenommen) kein einbuchstabliches Wort, anbey auch in ihrer Sprache nicht viele zweybuchstabliche Wörter haben.

(2) Dreybuchstabliche Wörter.

* * *

Aug. Eck. Igl. Ohr. Uhr.

Abt, Aff, Bad, Bär,
Bub, das, dir, Heu,
Hof, man, mir, nur,

Rab, Reh, Sau, sey,
sie, war, was, wir,
wie, Weg, und weg, ꝛc.

Nota 2. Daß man die Kinder anfänglich nur allein die jenige Wörter buchstabiren und aussprechen lassen solle, welche ober den Figuren stehen.

Nota 3. Man schreibe also nicht der Abbt / das Badt / der Bueb / dier / Hoff (aula) mann (pronom. 3. perf. indefinit.) &c.

Die Ursache dessen siehe im zweyten Theile des wohleingerichteten Oesterreichischen Lehrbüchleins im ersten und dritten Capitel, nemlich in der orthographischen Kennkunst der deutschen Buchstaben, Sylben und Wörter.

(3) Vierbuchstabliche Wörter.

* * * *

Bank. Gans. Haus. Paar.

Baar, Bann, Beer,
dann, daß, Falk,
Gems, Geld, Haar,
Katz, Kauz, Klee,

Lauf, Lied, Leid, Luft,
Mann, Meer, Moos,
Ochs, Rock, Weber,
Waar, wahr, ꝛc.

Nota 4. Wer demnach dan/Banck/der/Gembs/Geldt/ꝛc. schreibet, der raubet oder verflicket der Wörter buchstabliche Ordnung.

Nota 4. Daß man also von deme, welcher gewohnet ist, nur nach Gutdüncken dahin zu sudlen, den Wörtern falsche Buchstaben anzuflicken, die Wörter ohne Unterscheid zu verdunklen, und (wie es fast ins gemein geschiehet) alle Wörter falsch zu schreiben, sagen könne: *Er hat das vierte Capitel in dem Josephinischen Erzherzoglichen Namen- oder A. B. C. Büchlein noch nicht studiret. Item er sey noch ein lüsterner Schüler der Ausländer, ein Liebhaber des Fremden, und ein Vernachläßiger des Eigenen, &c. Item eine undankbare Dornhecke, welche das Land, so ihr den Nahrungs-Saft liefert, verderbet, &c.*

Das fünfte Capitel.

Von Wörtern, welche theils eine, theils zwo, theils drey, vier und mehr Sylben haben.

§. 1. *Einsylbige Wörter.*

Der Löw. Die Wag. Der Stier. Der Mond.

*

Das Aug, der Mann, das Schiff, der Mund, der Herr, das Heer, die Frau, das Kind, die Magd, das Gut, der Has im Feld, das Geld in der Welt, die Kunst bringt Gunst, der Neid macht Streit, der Zank macht Stank, die List Mist, die Zucht Frucht.

✠ Das Rad ist kein Rath. Der Biß heißt nicht bis.

Nota 1. Daß es nicht nöthig sey, den Kindern allhier die Wörter *der Herr*, und *das Heer*, &c. zu erklären: Dann sie werden die *gleichlautende Wörter* schon im zweyten Theile des wohleingerichteten Oesterreichischen Lehrbüchleins, nemlich in der orthographischen Kennkunst der deutschen Buchstaben, Sylben und Wörter im 13. Cap. zu lernen bekommen.

§. 2. *Zweysylbige Wörter.*

* *

Lau-ten. Flau-ten. Gei-gen. Pau-ken

Al-le Mei-ster leh-ren. Al-le Schü-ler ler-nen. From-me Kin-der be-then fleis-sig; Ha-ben GOt-tes Se-gen. Gu-te hö-ren, ler-nen, le-sen, schrei-ben rei-ne Schrif-ten, wer-den ge-liebt, ge-lobt, be-schenkt.

Nota 2. Daß in diesem ganzen Capitel die Frage nicht mehr sey, wieviel Buchstaben ein Wort habe, sondern nur wieviel Sylben: Dann die allgemeine anfängliche und kindische buchstabliche Lehre haben wir schon oben vollendet.

§. 3. *Dreysylbige Wörter.*

* * *

Trom-pe-te. Ma-ri-a. La-vet-te.

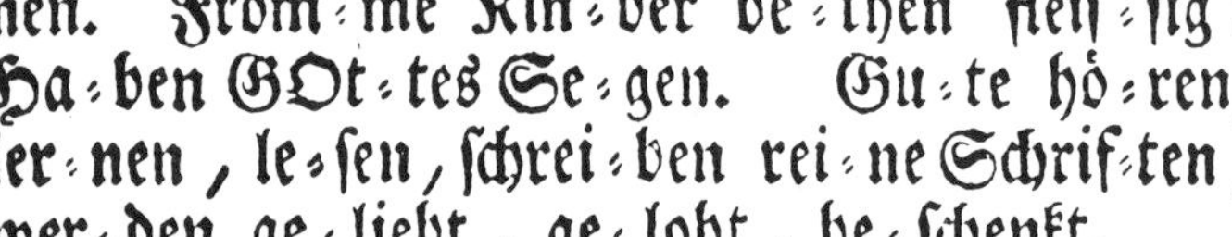

Gött-liche Be-schü-tzung, ver-wahr-te Stadt-mäu-er. Erst-li-che An-grif-fe,

rich-

rich-ti-ge Un-rech-te. Gná-di-ge Be-feh-le, lie-bli-che Ge-dan-ken. Deut-li-che Lehr-ar-ten, sitt-li-che Mit-bür-ger. Zärt-li-cher Mu-sen-chor, rein-li-che Ge-dich-te. Ge-schick-te Lehr-mei-ster, be-lehr-te Schul-Kin-der.

Nota 3. Daß es auch Wörter gebe, welche vier, fünf, und mehr Sylben haben: weil sie aber der zarten Jugend anfänglich nur beschwerlich fallen, und hier sonsten keinen Nutzen haben, so hat man sie wissentlich ausgelassen.

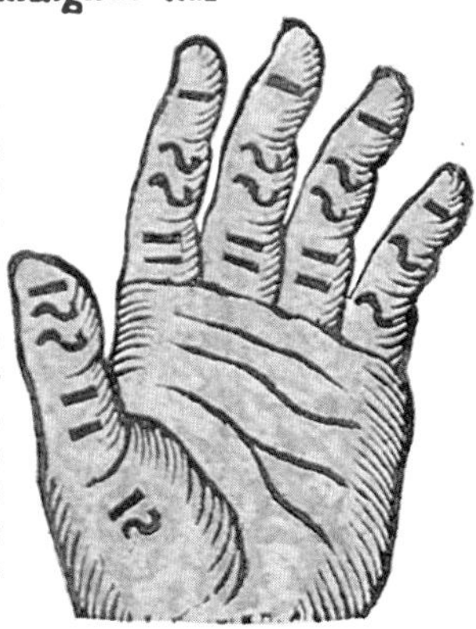

Nota 4. Die prosodie oder das Sylbenmaß; das ist, die Länge und Kürze der deutschen Sylben in den Wörtern lehret im zweyten Theile des wohleingerichteten Oesterreichischen Lehrbüchleins das fünfte Capital: allwo auch *Wechselreime*, auf lateinisch *Versus elegiaci*, mit lateinischen Pedibus oder Füssen zu finden sind, woraus die Geschicklichkeit der vortrefflichen deutschen Sprache zuentnehmen ist, wie solches die nachfolgende zwey deutsche Disticha erweisen.

— ◡ ◡ — ◡ ◡ — — — ◡ ◡ — ◡ ◡ — ◡

Komme nun ietzo zu mir, und lerne die eigene Sprache,

— ◡ ◡ — ◡ ◡ — — ◡ ◡ — ◡ ◡ —

Lerne das eigene Licht, komme nun ietzo zu mir,

— ◡ ◡ — ◡ ◡ — — — ◡ ◡ — ◡ ◡ — ◡

Alles kan lehriger Fleiß durch Wagen gewinnen und heben,

— ◡ ◡ — ◡ ◡ — — ◡ ◡ — ◡ ◡ —

Alles gewinnet, und hebt, Wagen und lehriger Fleiß.

Nota 5. Daß also nicht an unsrer Sprache, sondern nur an der Ubung, an einem rechten deutschen grammaticalischen Dictionario, &c. und an unsrem Fleiß der Mangel sey, warum wir nicht, wie andere gesittete Völker, in der eigenen Sprache klug, hurtig, bescheiden, und Kenner und Liebhaber guter Künste und Wissenschaften werden können, sondern so viel Millionen Geld auf fremde Sprachen und Bücher verschwenden müssen.

 Das

Das sechste Capitel.

Von den eigentlichen Namen der Männer und Weiber.

*

A.

der A=dam
der A=dri=an
der Al=brecht
der Am=bro=si=us
der An=dre=as
der An=ton
der Ab=ra=ham
der A=le=xan=der
die An=na
die A=pol=lo=ni=a
der Ar=nold
der Au=gu=stin.

B.

der Bal=tha=sar
die Bar=ba=ra
der Bar=tho=lo=mä=us
der Be=ne=dict
der Bern=hard
der Bla=si=us
der Bru=no.

C.

der Carl
der Ca=spar
die Ca=tha=ri=na
der Chri=stoph
der Chri=sti=an
die Chri=sti=na
die Cla=ra.

D.

der Da=ni=el
der Da=vid
der Di=o=ny=si=us
die Do=ro=the=a.

E.

der E=ber=hard
die E=le=o=no=ra
die E=li=sa=beth
der E=li=as
die E=va.

F.

der Fran=ci=scus

der

der Fer = di = nand
der Frie = de = rich.

G.

der Ga = bri = el
der Ge = org
der Gott = fried
der Gre = go = ri = us
der Gu = sta = vus.

H.

der Hein = rich
die He = le = na
der Hie = ro = ny = mus
der Hu = go.

J.

der Ja = cob
der Jo = ach = im
der Jo = hann
der Jo = seph
der Ju = li = a = nus
die Ju = sti = na
der Ju = sti = ni = a = nus.

K.

der Ki = li = an.

L.

der Lau = ren = ti = us
der Le = on = hard
der Le = o = pold
der Lu = cas
der Lu = do = vi = cus
der Lud = wig.

M.

der Mar = cus
die Ma = ri = a
der Ma = thi = as
der Mat = thä = us
der Mel = chi = or
der Mi = cha = el.

N.

der Ni = ce = pho = rus
der Ni = co = la = us.

O.

der O = nu = phri = us
die Ot = ti = li = a.

P.

der Pau = lus
der Pe = ter
der Phi = lipp.

Q.

der Qui = ri = nus
der Quin = ti = li = a = nus.

R.

der Rein = hard

der Re-mi-gi-us
der Ru-dolph.

S.

die So-phi-a
der Ste-phan
die Su-san-na.

T.

die The-re-si-a
der Tho-mas
der To-bi-as.

V.

der Va-le-ri-us
der Va-le-ri-a-nus

U.

der Ul-rich
die Ur-su-la.

W.

der Wil-helm
der Wi-li-bald.

X.

der Xa-ve-ri-us
der Xer-xes.

Z.

der Za-cha-ri-as
der Za-chä-us, &c.

Connexion. Nachdem man die Nomina communia und propria in etwas buchstabiren gelernet, so muß man auch ganze Reden buchstabiren lehren und lernen. Sit ergo

Das siebende Capitel.

Von dem Vater unser, Englischen Gruß, und der Apostolischen Glaubensbekanntnuß.

§. I.

Im Na-men GOt-tes des Va-ters ✠ und des Sohns ✠ und des Hei-li-gen Gei-stes ✝ A-men.

Nota 1. Daß also nur ein GOTT und drey Personen seyen.

Nota 2. Daß solchemnach GOtt einfach in der Wesenheit, und dreyfach in den Personen sey.

Nota 3. Daß (1) GOtt Vater uns erschaffen. Daß (2) GOtt Sohn uns am Stammen des heiligen Creuzes erlöset. Daß (3) der Heilige Geist uns in der H. Taufe geheiliget habe.

(1) VAter un-ser der du bist in den Him-meln, ge-hei-li-get wer-de dein Na-me. (2) Zu-kom-me uns dein Reich. (3) Dein Wil-le ge-sche-he wie im Him-mel, al-so auch auf Er-de. (4) Gieb uns heu-te un-ser täg-li-ches Brod. (5) Und ver-gieb uns un-se-re Schul-den, als auch wir ver-ge-ben un-se-ren Schul-di-gern. (6) Und füh-re uns nicht in Ver-su-chung. (7) Son-dern er-lö-se uns von dem Ue-bel, A-men.

Nota 3. Daß das Vater unser Christus selbst gemacht habe. Daß es alles in sich begreife, was wir am Leibe und an der Seele nöthig haben. Daß es sieben Bitten in sich halte, wovon die drey erste zu der Ehre GOttes, die vier übrige aber zu unserem Nutzen gereichen.

Nota 4. Daß man diese sieben Bitten der Jugend, welche das vorstehende Vater unser zu lesen vermag, durch die beygesetzte Zahlen, ganz leicht begreiflich machen könne.

§. II.

Der Englische Gruß.

(1) GEgrüs-set sey-est du Ma-ri-a voll der Gna-den, der HERR ist mit dir. (2) Du bist ge-be-ne-dey-et unter den Wei-bern, und ge-be-ne-dey-et ist die Frucht dei-

nes

nes Lei-bes, JE-sus. (3) Hei-li-ge Ma-ri-a Mut-ter GOt-tes bit te für uns ar-me Sün der jetzt, und in der Stund un-se-res Ab-ster bens, A-men.

Nota 5. Daß dieses Gebeth der Mutter GOttes das liebste sey. Daß es (1) der Engel Gabriel, (2) die Heil. Elisabeth, und (3) die catholische Kirche gemacht habe; wie solches die drey vorstehende Zahlen besagen.

§. III.

Die Apostolische Glaubens-Bekanntnuss.

(1) JCh glau-be an GOtt Va-ter, den all-mäch-ti-gen Schö-pfer, des Him-mels und der Er-de. (2) Und an JE-sum Chri-stum sei-nen ein-ge-bohr-nen Sohn, un-sern HErrn. (3) Der em-pfan-gen ist von dem Hei-li-gen Geist, ge-boh-ren aus Ma-ri-a der Jung-frau. (4) Hat ge-lit-ten un-ter Pon-ti-o Pi-la-to, ist ge-creu-zi-get, ge-stor-ben, und be-gra-ben. (5) Ab-ge-stie-gen zu der Höl-le, am drit-ten Ta-ge wie-der auf-er-stan-den von den Tod-ten. (6) Auf-ge-fah-ren zu den Him-meln, si-tzet zu der rech-ten Hand GOt-tes des all-mäch-ti-gen Va-ters. (7) Von dan-nen er kom-men wird zu rich-ten die Le-ben-di-gen, und die Tod-ten. (8) Ich glau-be an den Hei-li-gen Geist.

(9)

(9) Ei-ne hei-li-ge all-ge-mei-ne Christ-li-che Ca-tho-li-sche Kir-che, die Ge-mein-schaft der Hei-li-gen. (10) Die Ver-ge-bung der Sün-den. (11) Die Auf-er-ste-hung des Flei-sches. (12) Und ein e-wi-ges Le-ben. A-men.

Nota 6. Daß diese 12. Artickel des Christlichen Glaubens, die heilige zwölf Apostel gemacht haben.

Nota 7. Bishero haben wir die Sylben abgesetzet, jetzo werden sie die Kinder selbst absetzen lernen.

Das achte Capitel,

Von den Morgen-Tisch-und Abend-Gebethern.

Im Namen GOttes des Vaters † und des Sohnes † und des Heiligen Geistes † Amen.

IM Namen meines gecreuzigten HErrn JEsu Christi stehe ich auf, der mich erlöset hat mit seinem kostbarlichen Blute, derselbe wolle mich vor allem Uebel behüten und bewahren am Leibe und an der Seele, wolle mir auch geben, was mich förderen und bestättigen mag in allem Guten zu dem ewigen Leben, Amen.

O Himmlischer Vater, allmächtiger GOtt, ich sage dir herzlich Lob und Dank, durch JEsum Christum deinen geliebten Sohn, daß du mich heute diese Nacht vor Gefahr und Schaden gnädiglich bewahret hast; Ich bitte dich demümüthiglich, du wollest mich auch diesen Tag, und alle übrige Zeit meines Lebens vor Sünden und allem Uebel behüten, daß ich dir in allem meinen Thun und Lassen gefalle: Dann ich befehle dir meine Seele, und meinen Leib, und alles, was ich habe, in deine Hände: Dein heiliger Engel sey mit mir, auf daß der böse Feind keine Macht an mir finde, Amen.

HErr JEsu gieb, daß nach dem Vorbild deiner heiligsten Jugend ich zunehmen möge am Alter, Verstand und Gnade bey GOtt und den Menschen, Amen.

Nota 7. Hiebey soll man der Jugend mündlich erklären, wie sie manierlich aufstehen, sich anlegen, waschen, säubern, zum Studiren oder Lernen begeben, und GOtt lieben und fürchten soll. Dann das Arabische Sprichwort saget:

Initium Sapientiæ, est timor Domini.

Es ist die GOttesfurcht ein guter Anbeginn/
Es steckt der Weisheit Grund/ und alles Heil darinn.

Gebeth vor dem Essen.

Im Namen GOttes des Vaters † und des Sohnes † und des Heiligen Geistes † Amen.

Aller Augen warten auf dich, O HErr! du giebst ihnen ihre Speise zu seiner Zeit, du thust deine milde Hand auf, und sättigest alles, was da lebet, mit Wohlgefallen, Amen.

Vater unser, etc. Ave Maria, etc.

HErr

HErr GOtt, Himmlischer Vater, segne uns, und diese deine Gaben, die wir von deiner milden Güte zu uns nehmen werden, durch JEsum Christum unsern HErrn, Amen.

Nota 8. Daß man nicht schreiben soll, du gibst, er gibt, &c. Dann ich müßte in Compositis sagen können vergibest, &c. secunda Syllaba brevi, welches aber wider die rechte pronuntiation lauft.

Danksagung nach dem Essen.

GElobt seyst du himmlischer Vater, der du unsere Leiber gespeiset und getränket hast mit deinen Gaben; Erfülle unsere Herzen mit deinen Gnaden, daß wir reichlich zunehmen in allen guten Werken, und nimmer zu Schanden kommen vor deinem Angesicht, Amen.

Vater unser, &c. Ave Maria, &c.

Nota 9. Hiebey soll man den Kindern einprägen: (1) Daß sie vor dem Tisch sich waschen, (2) Die Nägel heimlich abschneiden, (3) des Gebethes nicht vergessen, (4) den edlen Eltern die Hände küssen, (5) ohne Befehl nicht oben ansitzen, und (6) mit züchtiger Masse essen sollen, (7) daß sie bey dem Tisch nicht schnauben, säuisch schmatzen, nach etwas platzen, nichts umstossen, (8) nicht umstören, (9) den Mund nicht über die Schüssel halten, (10) den Löffel nicht zu voll nehmen, (11) den Kopf nicht in die Hände legen, (12) sich nicht anlehnen, (13) GOtt danken, und (14) den lieben Eltern gehorsam seyn, und (15) derselben Heil. Segen öfters erbitten sollen. *Nam qui proficit in Litteris & deficit in moribus, plus deficit, quàm proficit.*

Abend-Gebeth.

DIr sey Dank, O himmlischer Vater! durch JEsum Christum deinen geliebten Sohn, un-

unsern HErrn, daß du mich diesen Tag durch deine Gnade vor allem Uebel behütet hast. Ich bitte, du wollest mir alle meine Sünden vergeben/ womit ich dich bishero erzürnet habe. Schenke mir auch eine wahre Reue, und befestige meinen Vorsatz, dich nimmermehr zu beleidigen. Dann ich befehle dir meine Seele, meinen Leib, meine Ehre, und alles was ich von deiner Güte habe, wie auch meine liebe Nächsten und Befreundte, samt der ganzen Christlichen Gemein. Dein heiliger Engel sey mit uns, daß der böse Feind keine Macht an uns finde, Amen. Vater unser. Ave Maria, rc.

Nota 10. Hiebey soll man die Schul-Kindeu mündlich unterweisen, wie ein tugendliches Kind vor dem Schlaffengeheu sich [1] mit dem Heiligen Creuz bezeichnen, [2] wie es vorhero das Vater unser, Ave Maria und darauf das vorstehende Abend Gebeth bethen, und wie es [3] sodann sich manierlich abkleiden, und ins Bette legen soll.

Ende.

Des erstlichen oder anfänglichen Buchstabirens / welches die Kinder öfters bey den Müttern zu Haus zu lernen / auch in den Schulen so oft zu wiederholen pflegen / bis sie diese erste acht Capitel hurtig buchstabiren / und schon in etwas lesen gelernet haben.

Nota 11. Ohne Ziffer und Zahl kan die Jugend keine weltliche und geistliche Wissenschaft lernen, und aus den Schulen niemals etwas Vernunft- oder Regelmäßiges mit sich nach Hause bringen, also folgt anjetzo (præsuposita aliquali saltem legendi capacitate) der Weg zu den Wissenschaften. Sit ergo.

Das

Der Weg zu den Wissenschaften.

Das neunte Capitel.

Von der Buchstabirung, Lesung und Aussprache der Ziffer und Zahlen.

*

Eins, Zwey, Drey, Viere, Fünfe, Sechse,
1. I. 2. II. 3. III. 4. IV. 5. V. 6. VI.
Siebene, Achte, Neune, Zehne, Nulla,
7. VII. 8. VIII. 9. IX. 10. X. 0.
Eilfe, Zwölfe, Dreyzehne, Vierzehne,
11. XI. 12. XII. 13. XIII. 14. XIV.
Funfzehne, Sechzehne, Siebenzehne, Achtzehne,
15. XV. 16. XVI. 17. XVII. 18. XVIII.
Neunzehne, Zwanzig, Einundzw. Zweyundzw.
19. XIX. 20. XX. 21. XXI. 22. XXII.
Dreyundzw. Vierundzw. Fünfundzwanzig,
23. XXIII. 24. XXIV. 25. XXV.
Sechsundzw. Siebenundzw. Achtundzwanzig,
26. XXVI. 27. XXVII. 28. XXVIII.
Neunundzwanzig, Dreyßig, 2c. Vierzig, 2c.
29. XXIX. 30. XXX. 40. XL.
Funfzig, 2c. Sechzig, 2c. Siebenzig, 2c. Achzig, 2c.
50. L. 60. LX. 70. LXX. 80. LXXX.
Neunzig, 2c. Hundert, Fünfhundert, Tausend, 2c.
90. XC. 100. C. 500. D. 1000. M.

Nota 1. Wann diese nomina numeralia ohne substantivo stehen, so werden sie declinirt, und müssen mit einem grossen Anfangs-Buchstaben geschrieben werden, wie solches die vorstehende Exempel belehren.

Nota 2. Man soll den Kindern die falsche Aussprache Z. E. Als/ Zwoä/ Droy/ Vierö/ Fünipfö/ Däles/ ꝛc. durchaus nicht gestatten, sondern dieselbe freunlich corrigiren, und ihnē mit einem mündlichen Fleisse die beystehende deutsche Zahlen, und römische Ziffer, wann sie dieses A. B. C. Büchlein das lezte Mal durchlesen, fein begreiflich machen.

* *

Der, die, das erste 1. zweyte 2. dritte 3. vierte 4. fünfte 5. sechste 6. siebende 7. achte 8. neunte 9. zehende 10. eilfte 11. zwölfte 12. dreyzehende 13. vierzehende 14. funfzehende 15. sechzehende 16. siebenzehende 17. achtzehende 18. neunzehende 19. zwanzigste 20. einundzwanzigste 21. dreyßigste 30. vierzigste 40. funfzigste 50. ꝛc.

Nota 3. Diese Zahlwörter sind adjectiva numeralia ordinalia, das ist beyständige Zahlwörter einer Ordnung, und werden dahero nur mit einem kleinen Anfangs-Buchstaben geschrieben.

* * *

Erstens oder erstlich 1. zweytens 2. drittens 3. viertens 4. fünftens 5. sechstens 6. siebendens 7. achtens 8. neuntens 9. zehendens 10. eilftens 11. zwölftens 12. dreyzehendens 13. ꝛc.

Nota 4. Diese Zahlen sind adverbia numeralia, das ist umständliche Zahlwörter, weil sie dem Verbo beygesetzet, den Umstand erklären. Daher gehören auch: einmal/ zweymal/ dreymal/ viermal/ fünfmal/ sechsmal/ siebenmal/ achtmal/ neunmal/ zehenmal/ eilfmal ꝛc.

* * * *

Der Einser 1. der Zweyer 2. der Dreyer 3. der Vierer 4. der Fünfer 5. der Sechser 6. der Siebener 7. der Achter 8. der Neuner 9. der Zehner 10. der Eilfer 11. der Zwölfer 12. ꝛc.

Nota 5. Diese sind substantiva numeralia, oder selbständige Zahlwörter, und müssen dahero mit einem grossen Buchstaben geschrieben werden, wie allhier zu sehen ist.

* * * * *

Ein Halbes $\frac{1}{2}$. zwey Drittheil $\frac{2}{3}$. drey Viertheil $\frac{3}{4}$. vier Fünftheil $\frac{4}{5}$. ein Achttheil $\frac{1}{8}$. ꝛc. drey Pfennige 3. Pf. sieben Kreuzer 7. Kr. drey Groschen 3. Gr. acht Schillinge 8. Sch. zweene Gulden 2. Fl. drey Thaler 3. Thr. vier Pfunde 4. Pf. sieben Ducaten 7. Duc. ꝛc.

Nota 6. Hieraus soll man der Jugend auch die beygesetzte Ziffer begreiflich machen, damit die Aussprache des Einmaleins und des Einsundeins, wie auch die Aussprache der Ziffer im nachfolgenden 10. Capitel desto leichter erfolgen könne.

Das

Das Einmaleins.

1mal	1.	ist	1.
2mal	2.	sind	4.
2mal	3.	sind	6.
2mal	4.	sind	8.
2mal	5.	sind	10.
2mal	6.	sind	12.
2mal	7.	sind	14.
2mal	8.	sind	16.
2mal	9.	sind	18.
2mal	10.	sind	20.
3mal	3.	sind	9.
3mal	4.	sind	12.
3mal	5.	sind	15.
3mal	6.	sind	18.
3mal	7.	sind	21.
3mal	8.	sind	24.
3mal	9.	sind	27.
3mal	10.	sind	30.
4mal	4.	sind	16.
4mal	5.	sind	20.
4mal	6.	sind	24.
4mal	7.	sind	28.
4mal	8.	sind	32.
4mal	9.	sind	36.
4mal	10.	sind	40.
5mal	5.	sind	25.
5mal	6.	sind	30.
5mal	7.	sind	35.
5mal	8.	sind	40.
5mal	9.	sind	45.
5mal	10.	sind	50.
6mal	6.	seynd	36.
6mal	7.	seynd	42.
6mal	8.	seynd	48.
6mal	9.	seynd	54.
6mal	10.	seynd	60.
7mal	7.	sind	49.
7mal	8.		56.
7mal	9.		63.
7mal	10.		70.
8mal	8.	sind	64.
8mal	9.		72.
8mal	10.		80.
9mal	9.	sind	81.
9mal	10.		90.
10mal	10.	sind	100.
10mal	100.	sind	1000.

Nota 7. Die Kinder sollen bald anfänglich nicht allein das *Einmaleins*, sondern auch das *Einsundeins* lesen und aussprechen können, also folget auch solches.

Das Einsundeins.

1.	und	1.	sind	2.
2.	und	2.	seynd	4.
2.	und	3.	seynd	5.
2.	und	4.	seynd	6.
2.	und	5.	seynd	7.
2.	und	6.	seynd	8.
2.	und	7.	seynd	9.
2.	und	8.	seynd	10.
2.		9.	seynd	11.
3.	und	3.	sind	6.
3.	und	4.	sind	7.
3.	und	5.	sind	8.
3.		6.	sind	9.
3.		7.	sind	10.
3.		8.	seynd	11.
3.		9.	seynd	12.
4.	und	4.	sind	8.
4.	und	5.		9.
4.		6.		10.
4.		7.		11.
4.		8.		12.

4.	und	9.	sind	13.
5.	und	5.	sind	10.
5.		6.		11.
5.		7.		12.
5.		8.		13.
5.		9.		14.
6.	und	6.	sind	12.
6.		7.		13.
6.		8.		14.
6.		9.		15.
7.	und	7.	sind	14.
7.		8.		15.
7.		9.		16.
8.	und	8.	sind	16.
8.		9.		17.
9.	und	9.	sind	18.
9.		10.		19.
9.		11.		20.
9.		12.		21.

Nota 8. Allhier soll man der Jugend verschiedene leichte Exempel und Fragen aufgeben, und dieselbe aus dem Einmaleins oder Einsundeins entscheiden lassen: Z. E. *Eine Elle Tuch kostet* 2. *fl.*

wieviel

wieviel kosten 6. Ellen? Resp. 12. fl. dann 2mal 6. sind 12. Item einer giebt dem Armen 3. Kr. der Zweyte 4. Kr. wieviel Kreuzer hat der Arme bekommen? Resp. 7. dann 3. und 4. sind 7. u. d. m.

Das zehende Capitel.

Von einigen Eintheilungen, die ein jeder recht zu nennen und rein auszusprechen wissen soll.

§. I.

Die vier Theile der Welt sind:

1. Europa.
2. Asia.
3. Africa.
4. America.

§. II.

Die vier Situationen der Welt sind:

1. Der Morgen, Orient oder Ost.
2. Der Abend, Occident oder West.
3. Der Mittag, Meridien oder Süd.
4. Die Mitternacht, Septentrion oder Nord.

§. III.

Die Namen, welche in der Welt den größten Zank machen, sind:

1. Mein.
2. Dein.
3. Ja.
4. Nein.

Nota 1. Dahero sagt der Lateiner: *Propter meum & tuum est omne litigium.*

§. IV.

Die vier vornehmsten Sprachen sind:

1. Die Deutsche.
2. Die Hebräische.
3. Die Griechische.
4. Die Lateinische.

Nota 2. Die deutsche Sprache braucht man im Heil. Röm. Reich. Die hebräische wird die

die heilige genannt. Die griechische heißt der Weisen Sprache. Die lateinische ist der römischen Kirche.

Nota 3. Daß die deutsche hierunter zwar die wortreicheste, aber auch zugleich, leider! annoch die unausgeübteste und unreineste sey.

§. V.

Die Namen der vier Jahrszeiten sind:

1. Der Frühling.
2. Der Sommer.
3. Der Herbst.
4. Der Winter.

§. VI.

Die Namen der vier Elemente sind:

1. Das Feuer.
2. Die Luft.
3. Das Wasser.
4. Die Erde.

§. VII.

Die fünf Sinne des Menschen sind:

1. Das Sehen, Visus.
2. Das Hören, Auditus.
3. Das Schmecken oder der Geschmack, Gustus.
4. Das Fühlen oder Angreifen, Tactus.
5. Das Riechen, Odoratus.

§. VIII.

Die 7. Täge in der Woche sind:

1. Der Montag.
2. Der Dienstag.
3. Die Mittwoche.
4. Der Donnerstag.
5. Der Freytag.
6. Der Samstag.
7. Der Sonntag.

§. IX.

Die Namen der sieben Planeten sind:

1. Der Saturnus ♄
2. Der Jupiter ♃
3. Der Mars ♂
4. Die Sonne ☉
5. Die Venus ♀
6. Der Mercurius ☿
7. Der Mond ☽

Die

Nota 4. Die 7. Planeten bedeuten auch die 7. Tage in der Woche, als:

1. ☉ Sonntag. Solis.
2. ☽ Montag. Lunæ.
3. ♂ Dienstag. Martis.
4. ☿ Mittwoche. Mercurii
5. ♃ Doñerstag. Jovis.
6. ♀ Freytag. Veneris.
7. ♄ Samstag. Sabbathi.

§. X.

Die Namen der sieben Metalle sind:

1. Das Bley ♄
2. Das Zinn ♃
3. Das Eisen ♂
4. Das Gold ☉
5. Das Kupfer ♀
6. Das Quecksilber ☿
7. Das Silber ☽

§. XI.

Die 12. himlische Zeichen, und die Veränderung des Mondes.

*

1. Der Widder ist gut. ♈
2. Der Stier ist böse. ♉
3. Die Zwillinge sind mittelm. ♊
4. Der Krebs ist mittelmäß. ♋
5. Der Löw ist böse. ♌
6. Die Jungfrau ist mittelm ♍
7. Die Wage ist gut. ♎
8. Der Scorpion ist mittelmäß. ♏
9. Der Schütz ist gut. ♐
10. Der Steinbock ist böse. ♑
11. Der Wassermann, ist gut. ♒
12. Die Fische sind böse. ♓

* *

1. Der Neumond wird schwarz gedruckt. ●
2. Der erste Viertheil eben schwarz. ☽
3. Der Vollmond wird roth gedruckt. ●
4. Der letzte Viertheil eben roth. ☾

Nota 5. Die Auslegung der übrigen Veränderungs - Zeichen siehe im Calender.

§. XII.

§. XII.

Die zwölf Monate im Jahre sind:

1. Der Jenner, Januarius.
2. Hornung, Februarius.
3. Merz, Martius.
4. April, Aprilis.
5. May, Majus.
6. Das Brachmonat, Junius.
7. Das Heumonat, Julius.
8. Der August, Augustus.
9. Das Herbstmonat, September.
10. Das Weinmonat, October.
11. Das Wintermonat, November.
12. Das Christmonat, December.

Das eilfte Capitel.

Von Regeln der Christlichen Tugend und Sitten.

1. Statt' ab dem grossen GOTT, was du ihm schuldig bist,
Den Nächsten lieb wie dich, sey ohne böse List.
2. Weich' aus dem Grösseren, vertrage was dir gleich,
Gieb jedermann sein Recht, er sey arm oder reich.
3. Gesellschaft suche nicht, als nur der Fromen Schaar,
Vor Stolz u. Eigennutz dein Herz mit Fleiß bewahr.
4. Dem Klügern, als du bist, pflicht in der Meynung bey,
Und denke nicht, daß stets dein Wort das beßte sey.
5. Merk auf, wañ man mit dir von einer Sache spricht,
Und eigne dir nicht zu ein grosses Weisheitslicht.
6. Red' auch mit keinem nicht von dem, was ihm zu schwer,
Und was du redest, sey niemal von Warheit leer.
7. Was du hast zugesagt, das halte fest und steif,
Sey aber nicht so bald mit dem Versprechen reif.

8. Die

8. Die Freundlichkeit soll dir was angebohrnes seyn,
Und laß mit jedermann dich gern' im Reden ein.
9. Doch mach dich nicht gemein, nimm deinen Stand in acht,
Und urtheil' über nichts, bis du es wohl bedacht.
10. Lieb' ohne Eigennutz, verzeihe williglich,
Vor Grossen schmiege zwar, doch ohne Schwachheit dich.
11. Die Freundschaft unterhalt' aufrecht mit jederman,
Und fange nicht zu erst den Streit mit andern an.
12. Um das, was andre thun, bekümmre dich ja nicht,
Dein eigenes Geschäft mit Fleiß und recht verricht.

Nota 4. Diese Verse kan man die Kinder auswendig lernen lassen.

Das zwölfte Capitel.

Von der Buchstabirung, Lesung und Aussprache derjenigen Wörter, so in der Rechnungs-Kunst vorkommen.

§. 1. Numeriren die erste Species.

Numeriren heißt zehlen, und lehret eine geschriebene Zahl, so groß sie auch seyn mag, erkennen, recht aussprechen, und eine ausgesprochene Zahl recht schreiben. Z. E.

Tausend	Einhundert	Zehen	Eins
1000.	100.	10.	1.
Zweytausend	Zweyhundert	Zwanzig	Zwey
2000.	200.	20.	2.
Dreytausend	Dreyhundert	Dreyßig	Drey
3000.	300.	30.	3.

Nota 1. Daß sich die Zahlen allhier zurücke durch das Nulla allzeit zehenfach vermehren, welches man den Kindern mündlich erklären, und begreiflich machen soll.

§. 2. Addiren die zweyte Species.

Addiren heißt zusammen setzen, und lehret, wie man verschiedene Zahlen zusammen rechnen soll. Z. E. Einer ist mir schuldig 16. Gulden, und der andere 24. macht zusammen 40. fl. wie nachfolgendes Exempel der Addition zeiget:

	16
	24
Summa =	40.

§. 3. Subtrahiren die dritte Species.

Subtrahiren heißt abziehen, und lehret die geringere Summa von der grösseren abrechnen; Z. E. Wann ich dir 4. Gulden schuldig bin, und bezahle 2. fl. so restire ich dir noch 2. fl. zu bezahlen.

	4
	2
Summa =	2.

Item einer ist mir schuldig =	429. Gulden
Daran zahlt er mir = = =	212. Gulden
So restirt er mir noch = =	217. Gulden.

§. 4. Multipliciren die vierte Species.

Multipliciren heißt vermehren, und lehret eine Zahl mannigfältigen, als wann ich sage, 4mal 6. sind 24. So sind 4. und 6. die Zah-

Zahlen, so miteinander multipliciret werden, woraus das Product 24. kommet.

Item wieviel Pfennige haben 12. Kreuzer?

Ein Kreuzer hat . . . 4. Pfennige

Product . 48. Pfennige.

§. 5. Dividiren die fünfte Species.

Dividiren heißt zertheilen, und lehret eine grössere Zahl durch eine, so kleiner ist, zertheilen, auf daß man sehen möge, wie oft die kleinere in der grösseren befindlich sey; Z. E. Sechs Kinder haben 24. Nüsse zu theilen, wieviel bekommt ein jedes?

24 6	4. Nüsse.

Nota 2. Daß in dem Oesterreichis. Titel- und Briefbüchlein in der Currentschrift ein Rechnungs-Trichter befindlich sey, worinne diese 5. Species mit erleuchteten Exempeln also deutlich ausgeführet, daß sie die schwache Jugend, so bald sie die Titel und Briefe in der Currentschrift daselbst hat lesen gelernet, ganz leichtlich fassen kan.

Nota 3. Anjetzo sollen die Schulkinder in der Vorschule und in dem ersten Capitel dieses A.B.C. Büchleins auch die kleine und grosse geschriebene Buchstaben kennen, wie auch cap. I. derē Eintheilung verstehen lernen; sodann folgt:

Das dreyzehende Capitel.

Von der Weise und Manier, wie die liebe zarte Jugend gleich anfänglich auch die geschriebene deutsche Schriften und Briefe ganz leichtlich buchstabiren und lesen lernen könne.

Nota 1. Wann die Schulkinder die folgende gedruckte Seite recht buchstabiret und gelesen haben, so sollen sie auch die geschriebene recht buchstabiren und lesen lernen.

Dem Nebenmenschen eine Vorschrift geben, seine Gedanken rein ausdrucken, und klar, deutlich, gewiß und ohne Fehler eröffnen zu können; heißt der Wahrheit die Strasse bahnen zu den Herzen der Thoren; heißt den Zänkern das Mittel benehmen, ihre unvernünftige Begierden zu vergnügen; heißt das Vaterland, die Mitbürger, und gute Wissenschaften wahrhaftig lieben und besorgen. Es ist demnach kein Zweifel, daß der Ruhm und die Glückseligkeit eines Staats durch die Untersuchung und Ausübung der Landessprache merklich befördert werden könne. Man sehe nur die, zu dem Ende in Italien, Frankreich, Spanien und Portugall bereits aufgerichtete, und noch bis jetzo unter Königlichem Schutze stehende Academien.

dem Nebenmenschen eine Vorschrift geben, seine Gedanken
rein auszudrücken, und klar, deutlich, gewiß und ohne Fehler eröffnen zu können; heißt der
Wahrheit die Wege zu bahnen
zu den Herzen der Hörern;
heißt den Zuhörern das Mittel benehmen, ihre unver-
nünftigen Begierden zu be-
zwingen; heißt das Vater-
land, die Mitbürger, und gu-
te Freundschaften wahrhaftig
lieben und befördern. Es ist
demnach kein Zweifel, daß
der Ruhm und die Glückse-
ligkeit eines Staats ꝛc.

Cum Priv. S. Cæs. Majest. I. Bohacz sc. Viennæ

Nota 2. Anstatt mehr derley Exempel in zweyerley Schriften allhier, dienet zur Nachricht, daß der kleine Catechismus des Petri Canisii S. J. nunmehro auch in zweyerley Schriften, wie diese Vorschrift, in reiner deutscher Schreibart eingerichtet, und bey den Verlegern dieses A. B. C.-Büchleins zu bekommen sey. Item daß auch das Oesterreichische Titel- und Briefbüchlein in der Currentschrift daselbst zu bekommen sey.

Nota 3. Beym Buchstabiren soll (1) der zwischen zweyen Vocalen stehende einfache Consonant zu dem nachfolgenden, und nicht zu dem vorhergehenden Vocalen gezogen werden. Z.E. a-ber/ I-gel/ꝛc. nicht ab-er/ Ig-el. (2) Die zwischen zweyen Vocalen stehende 8. doppelte Consonanten müssen zertheilet werden: Z.E. hof-fen/bit-ten/ nicht hoff-en/ bitt-en. (3) Die zwischen zweyen Vocalen stehende ungleiche Consonanten müssen gleichfalls zertheilet werden. Z.E. Ad-ler/bin-den/ nicht Adl-er/ bind-en. (4) Die 15. beysammen hangende Buchstaben soll man nicht zertheilen. Z.E. ver-blendt/man-cher/ nicht verb-lendt/ manc-her. (5) Die Composita oder zusammengesezte Wörter soll man recht absetzen. Z.E. Un-ehre/ hier-aus/ nicht U-nehre/ hie-raus/ꝛc. welches die Lehrmeister auch beym Schreiben und Absetzen der Jugend weitläuftiger und fleißig erklären sollen.

Das deutsche und lateinische A. B. C.

a.	b.	c.	d.	e.	f.	g.	h.	i.	k.	l.	m.	n.
a.	b.	c.	d.	e.	f.	g.	h.	i.	k.	l.	m.	n.
A.	B.	C.	D.	E.	F.	G.	H.	I.	K.	L.	M	N.
o.	p.	q.	r.	ſ.	t.	u.	v.	w.	x.	y.	z.
o.	p.	q.	r.	ſ.	t.	u.	v.	w.	x.	y.	z.
O.	P.	Q.	R.	S.	T.	U.	V.	W.	X.	Y.	Z.

Nota 4. Anjetzo könnte man die Kinder einer Hoffnung auch die mit lateinischen Buchstaben allhier gedruckte Rubricken, Titel, und Notas buchstabiren und ein wenig lesen lehren.

Orthographische Zugabe.

Die falsche Buchstaben soll man im Drucken und Schreiben meiden; dann sie machen erstlich die Jugend dumm und plump, zweytens die Wörter gar oft ungewiß und unverständlich, auch drittens die vortreffliche deutsche Sprache zu allen guten Künsten und Wissenschaften ungeschickt: Dann denen

denen heißt illis, dehnen heißt extendere. Mehr heißt plus, das Meer heißt mare, &c. Ueber dieses so ist ja auch (1) ein grosser Buchstab kein kleiner, (2) das aa ist kein a, (3) das b ist kein p, (4) das mb ist kein m, (5) das e ist kein ä, (6) das f ist kein ff, (7) das ck ist kein k, (8) das l ist kein ll, (9) das m ist kein n, (10) das n ist auch kein nn, (11) das Nasen-ß ist kein hinaufgeschlungenes s, (12) das t ist kein d, (13) das t ist auch kein tt, (14) das dt ist kein t, (15) das ü ist kein i, (16) das Vau ist kein u, (17) das th ist kein d, (18) das y ist kein i und kein Jod, (19) das tz ist kein z, (20) das z ist auch kein s, 2c. Wo demnach jener Buchstab in einem Worte zu stehen kommet, da soll der andere dessen Stelle durchaus nicht vertreten: Dann es entstehen aus solchem Misbrauch öfters gar andere Wörter, welches etwas Nachtheiliges ist, weil wir durch die Wörter andern unsre Gedanken müssen zu erkennen geben, und mit einem jeden Worte ein gewisser Begriff muß verknüpfet seyn. Dieses aber kan man nicht erhalten, wann die Wörter falsch geschrieben werden. Es laufet auch eine unregelmäßige Schreibart wider die Hof- und Völkerzierde.

Zum Exempel:

(1) Der Weg heißt via, weg heißt a vel ab, præp.

(2) Der Aal heißt anguilla, die Ahle subula.

(3) Das Bein heißt os, die Pein dolor.

(4) Also schreibe das Amt, um, warum, 2c. nicht Ambt, umb, warumb, 2c. Die Ursache dessen siehe im 2. Theil des Oesterreichis. Lehrbüchleins in zweyerley Schriften Cap. 3.

(5) Besehen heißt videre, besäen seminare, der Segen benedictio, sägen serrare.

(6) Der Ofen heißt fornax, offen apertus. Hoffe spero, Hofe in aula.

(7) Der Bock nicht Bok. Die Bank, nicht Banck. Vid. capit. cit. pag. 16.

(8) Die Gesellschaft, nicht Geselschaft.

(9) Dem heisset illi, den illum.

(10) Der Mann vir, man pronom. 3. pers. indefinitum.

(11) Daß heißt quòd, das heißt hoc vel illud. Der Biß morsus, bis usque.

(12) Der Tod mors, todt heißt getödtet mortuus. Vid. lib. cap. 13. pag. 85.

(13) Beten oder bethen heißt orare, betten sternere lectum.

(14) Die Stadt civitas, Statt, locus.

locus, Staat status. Befreundt, nicht befreint, &c.
(15) Die Nüsse heissen nuces, die Nisse seynd in Haaren, und heissen lendes, &c.
(16) Also schreibe und unser, nicht vnd vnser, &c. von Vater, nicht von Uater, &c.
(17) Der Rath heißt consilium, das Rad heißt rota, &c.
(18) Seyn heißt esse, sein suus. Also schreibe Majestät, und nicht Mayestät, &c.
(19) Also schreibe der Glanz splendor, nicht Glantz. Der Nutzen utilitas, nicht Nuzen, &c.
(20) Ganz heißt totus, Gans heißt anser.

Nota 5. Daß die fähige Schulkinder diese orthographische Zugabe nur zu lesen, die Lehrmeister aber ihnen solche *deutlich, getreu, und freundlich* zu erklären haben: Dann sie ist fast nur für diejenige Instructores zur Warnung anhero gesetzet worden, welche in der deutschen Sprache noch nichts regelmässiges verstehen, alles nur mit falschen Buchstaben nach Gutdünken dahin schreiben, und vermeynen, es sey schon genug, wann sie ohne Vernunft die Wörter mit leslichen falschen Buchstaben auf das Papier mahlen, ob sie schon *selbsten nicht wissen, was sie schreiben, weniger wie sie reden und schreiben sollten*; mithin die Jugend, und die deutsche Literatur nur verderben. Von welchen einfolglich die Jugend aus den Schulen niemals etwas Vernunft- oder Regelmässiges mit sich kan nach Haus bringen. *Juxta illud:*

Quales Magistri,
Tales Discipuli.
Wie die Alten sungen/
So pfiffen die Jungen.

Nota 6. Daß der in diesem Capitel oben bey Nota 2. gedachte Catechismus in zweyerley Schriften anjetzo den Schulkindern vorzulegen, und daß dieser der Jugend überaus nützlich sey: (1) weil sie hieraus nicht allein die Christliche Lehre, und (2) das Lesen der Currentschriften ganz leicht erhält, sondern auch (3) mit einer Mühe zugleich (4) zum Lesen und Schreiben der Briefe sonderbar geschickt wird.

E N D E.

Folgt anjetzo der kleine rein deutsche Catechismus des Petri Canisii aus der Gesellschaft JEsu NB. in zweyerley Schriften, und der zweyte Theil des Oesterreichischen Lehrbüchleins.

O. A. M. D. G.

Nachwort

Von Gerda Mraz

Im steiermärkischen Landesmuseum Joanneum in Graz bewahrt man zwei Kinderbücher, in rotem Samt gebunden, die Außendeckel mit Wappen bestickt „Das Josephinische Erzherzogliche A.B.C. Oder Namenbüchlein" – die Druckvorlage dieses Taschenbuches – und den an dessen Ende als zweiten Teil eines „Oesterreichischen Lehrbüchleins" angekündigten „kleinen rein deutschen Catechismus des Petri Canisii".[1]
Beide Bändchen gelangten aus Privatbesitz im Jahre 1812 an die Sammlung, wie ein Zettel, der dem ABC-Buch beigefügt ist, bezeugt: „Kaiser Joseph des Zweyten A.B.C. Buch und Kathechismus. Geschenk von der Frau Mariana edlen von Breuning."
Dies deckt sich mit Angaben, die „Der Aufmerksame", die Beilage der „Grätzer Zeitung", am 7. März 1812 bringt. In der Liste der Schenkungen an das Museum findet sich die Eintragung: „Von der Frau Marianna Edelen von Breuning, gebornen Edlen von Faby: Zwey in Sammt gebundene mit Gold gestickte Bücher, aus welchen einer der größten Monarchen Oesterreichs (Kaiser Joseph der zweyte) in den Blüthenjahren seiner Kindheit den ersten Unterricht im Lesen und in der Religion erhielt."
Das 1744 erschienene ABC-Buch ist dem damals dreijährigen Erzherzog Joseph gewidmet, am Ende der „Unterthänigsten Zuschrift" nennt sich der Autor: Johann Balthasar von Antesperg. Rasch ist aufgezählt, was die Handbücher der deutschen Sprache und Literatur[2] zu diesem Namen berichten. Man nennt ihn als Autor einer deutschen Grammatik (1747, 2. Aufl. 1749) und eines deutschen Wörterbuches und erwähnt, daß er 1734 Gottsched „Sprachtabellen" übersandte, worauf ihn dieser in seine Leipziger Deutsche Gesellschaft als Mitglied aufnahm. Andere Lebensdaten finden sich nicht. Nun, einiges mehr läßt sich doch ergänzen.

Als schlichter Antesperger und Untertan des Hochstiftes Passau wurde er 1682 geboren. Sein Vater kaufte das Gut Wising (wohl Wiesing, Kr. Viechtach in Niederbayern), zu dem das Dorf Antesperg gehörte, „als ein altes Schloß" und ließ es 1684 von Grund auf renovieren.

Johann Balthasar wurde nach Beendigung seiner Studien Instruktor der Söhne jenes Philipp Erasmus Fürsten Liechtenstein, der 1704 als Generalfeldmarschall im Spanischen Erbfolgekrieg in Italien fiel. Vier Jahre lang unterrichtete er die Knaben in Rhetorik, Philosophie, Geschichte, bürgerlichem und deutschem Recht.[3]

In dem Ältesten, Joseph Wenzel (1696–1772), hatte er einen Schüler, der später für die österreichische Geschichte große Bedeutung gewinnen sollte. Als kommandierender General in Italien konnte er im Österreichischen Erbfolgekrieg (1740–1748) für Maria Theresia wichtige Erfolge buchen. Er war der Sieger von Piacenza 1746 und erwarb sich entscheidende Verdienste um die Reorganisation der österreichischen Artillerie, in die er – zum Erstaunen seiner Zeitgenossen – große Summen aus Privatmitteln investierte.

Der Hof dankte ihm bis ins hohe Alter mit ehrenvollen Aufträgen. 1760 führte er in dem berühmten „goldenen Wagen", der sich noch heute in fürstlich liechtensteinischem Besitz befindet, Maria Isabella von Parma zur Hochzeit mit Erzherzog Joseph nach Wien, 1763 warb er um Maria Ludovica von Spanien für den nächstjüngeren Erzherzog Leopold, der Joseph als Kaiser Leopold II. nachfolgen sollte, im Jahre darauf traf er die Vorbereitungen für Josephs Königskrönung in Frankfurt.

Als Antesperger 29 Jahre alt war, bewarb er sich erfolgreich um eine Agentenstelle beim kaiserlichen Reichshofrat in Wien[4], die er dann durch 44 Jahre bis zu seinem Tode innehatte. Der Reichshofrat war das oberste kaiserliche Gericht, das für Strafsachen reichsunmittelbarer, d. h. keinem Landesherrn, sondern direkt dem Kaiser unterstehender Herrschaften, Städte, Klöster etc. und für Streitigkeiten über kaiserliche Privilegien zuständig war. Die zugelassenen Anwälte hießen Agenten.

Am 11. Juli 1735 wurde er in den Reichsadelsstand mit dem Prädikat „von Antesperg auf Wising" erhoben.[5] In seinem Gesuch wies er darauf hin, daß die Familie Antesperg ohnedies adeligen Ursprungs und im Zuge kriegerischer Wirren vor 200 Jahren aus Lothringen eingewandert sei.

Lothringischer Abstammung zu sein, war damals in Wien, ein Jahr vor

der Vermählung Maria Theresias mit Franz Stephan, Herzog von Lothringen, zweifellos schick.
Antesperg schuf sich im Laufe der Jahre einen ansehnlichen Kundenstock von ca. 30 Parteien, die sich freilich aus eher unbedeutenden Kreisen rekrutierten. Mit 75 Jahren vertrat er immerhin noch 14 Klienten.[6] Er war verheiratet, seine Frau Elisabeth Ludmilla starb 80jährig im Jahre 1753 nach einem Schlaganfall; sie war neun Jahre älter als er

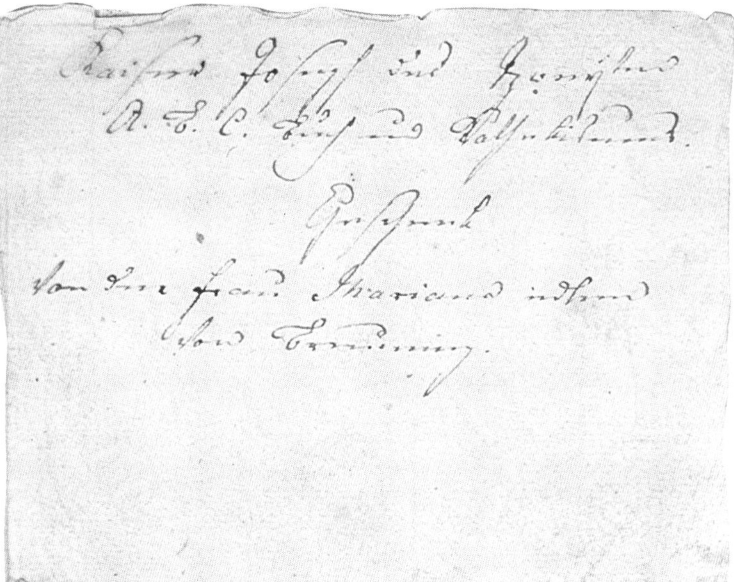

Alte Notiz über die Schenkung der Druckvorlage an das Joanneum

gewesen. Er selbst wurde 83; sein Todestag ist der 31. August 1765. Als Todesursache gab der Totenbeschauer „Abzehrung“ an.[7]
Schon seit früher Jugend befaßte sich Antesperg mit der „deutschen Reichs-Ritter-Mutter- und Landsprache[8]“, die es einerseits lexikalisch zu erfassen und andererseits in ein grammatikalisches System einzuordnen galt. Seine Tätigkeit als Jurist hat ihn immer wieder auf die Mängel der willkürlichen deutschen Rechtschreibung gestoßen, die oft auch das Verständnis des Inhalts erschwerten. „Daß ich bey meiner 24. jährigen

Reichshofraths Agentenstelle erfahren", schrieb er Jahre später im Vorwort zu seiner Grammatik, „wie schändlich und nachtheilig die unregelmäßige deutsche Schreibart in der Correspondenz und in dem Justitzwesen seye, hat mich bewogen, der Sache nachzudenken."
Die Bemühungen um die Anerkennung des Deutschen als ein den anderen Sprachen durchaus ebenbürtiges Verständigungs- und Ausdrucksmittel gingen weit ins 17. Jahrhundert zurück. Als Antespergs unmittelbare Vorgänger in Österreich können wir den Hofdichter Karl Gustav Heraeus ansehen, der gemeinsam mit dem Prinzen Eugen und Leibniz versucht hatte, Kaiser Karl VI. zur Gründung einer Akademie zu bewegen, in der die „hochteutsche Sprache" gepflegt und ein „Teutsches Wörter-Buch" angelegt werden sollte. Zu nennen ist hier ferner der Oberste österreichische Hofkanzler, Johann Friedrich Graf v. Seilern, der für den Gebrauch der Kanzleien ein „Namen-Büchel", d. i. eine Sprachfibel, verfaßt hatte.

Deutsch an Österreichs Gymnasien

Karl VI. (1685–1740, Kaiser seit 1711) stand diesen Strömungen durchaus aufgeschlossen gegenüber. Als die spanische Linie des Hauses Habsburg 1700 ausstarb, war er als zweiter Sohn Kaiser Leopolds I. zwar dazu bestimmt, König von Spanien zu werden (und selbstverständlich hatte er Spanisch gelernt), aber auch in den in Spanien und Italien verbrachten Jahren des Kampfes um diese Krone schrieb Karl alle seine privaten Äußerungen in deutscher Sprache, wenn es auch – zugegeben – oft ein rührend verstümmeltes und wienerisches Deutsch war, das Umgangssprache in seiner Familie blieb.
In einem vom Kaiser veranlaßten Begutachtungsverfahren über die Gymnasien wurde 1726 ausdrücklich verlangt, daß neben der Verbesserung des Lateinunterrichts gleich zu Beginn der Schuljahre „die Red- und Schreibarten" der deutschen Sprache gepflegt werden und in den höheren Klassen deutsche Aufsätze auf dem Lehrplan zu stehen hätten.[9]
Diese Forderungen wurden 1735 wiederholt: „Knaben, welche nicht vorhero bey den in der Orthographie oder regelmäßigen Deutschen und Lateinischen Sprach wohl erfahrnen Paedagogis, Schul- oder andern Lehrmeistern Deutsch und Lateinisch wohl leserlich zu schreiben gelernet", dürfen gar nicht ins Gymnasium aufgenommen werden. Ferner heißt es, daß die grammatikalischen Regeln „kurz, vollkommen und nützlich . . . und zwar anfangs in Deutscher Sprach gegeben werden".

Das ist insofern interessant, als noch zwanzig Jahre später die Grammatiker selbst an der Durchführbarkeit dieser Methode zweifeln, denn deutsche Regeln verstünde erst der Fortgeschrittene, während die lateinischen Ausdrücke dem Anfänger eher geläufig seien.
Hand in Hand damit geht die Forderung, „daß geschickte, und sonderbar in Deutscher Sprach wohl zu reden und rein zu schreiben kundige, zumalen auch in der Grammatica geübte Schul- und Lehrmeister aufgestellet werden[10]“. Das blieb freilich fürs erste ein Wunschtraum, auch noch lange nach Antespergs in der Vorrede zu seiner Grammatik 1747 geführten Klage, daß es selbst in großen Städten und Provinzen keine Lehrer gebe, die die deutsche Sprache „recht zu schreiben, zu erklären und zu gebrauchen“ verstünden.
So ist es verständlich, daß in dem bekannten Hofdekret Maria Theresias aus dem Jahre 1752, betreffend die Studienordnung, alle diese Forderungen wieder auftauchen. Dabei knüpft die Kaiserin deutlich an die Maßnahmen ihres Vaters an, wenn sie betont, es sei dem Herrn Rektor gewiß nicht entfallen, „was für eine Verordnung von weiland Kaisers Karl des Sechsten Majestät . . . wegen nützlicher Einrichtung der untern Schulen allhier noch im Jahre 1735 erlassen, und wie damals zu hinlänglicher Bestellung der Lehrmeister sowohl, als auch respectu der Lehrart selbst die ausführliche maßregeln vorgeschrieben worden seyen“.
Diese „Lehrart“ wird noch verdeutlicht: „die Jugend keineswegs mit unnützem Auswendiglernen beschweren, sondern solche vielmehr in der eigenen Muttersprache, und einer netten und orthographischen Schreibart vorzüglich unterweisen, auf das Deutsche Thema . . . künftig keine lateinischen Significationes mehr dictieren, sondern die Jugend zu selbstiger Nachsuchung der Bedeutung aus den Lexicis . . . gehörig anleiten, anbey nebst den lateinischen Argumenten, jedesmal das Deutsche Thema selbst mit einreichen lassen, und durch eben diese Methode der Jugend eine gründliche Kenntniß der deutschen und lateinischen Ortographie untereinstens beybringen, zu gleichem Ende auch . . . in der Schreibart deutscher Briefe forthin üben[11]“.

Ein Leitfaden zu richtigem Deutsch

In diesen rund zwanzig Jahren zwischen den Gutachten aus der Zeit Karls VI. und dem Dekret Maria Theresias eskalieren die Stellungnahmen, Forderungen und Fehden rund um die deutsche Sprache und nehmen Formen an, die weit über einen lokalen Rahmen hinausgehen.

In diese Periode fällt auch das Schaffen Johann Balthasar v. Antespergs. 1734 erschien als Frucht 22jähriger „vieler Mühe und Geldaufwendung“ als erstes seiner gedruckten Werke „Die Kayserliche deutsche Sprachtabelle zur Verbesserung der deutschen Sprache / und zum einhellig nutzlichen Gebrauch des ganzen Deutschlands / Welche auf einmal kurz und deutlich in einer bisher / solang die Welt stehet / niemals gesehener leichten Lehrart zeiget die ersten Grundregel unsrer lieben und allervortreflichsten deutschen Muttersprache / ohne derer vorläufiger Unterweisung und Wissenschaft es niemals möglich ist / daß ein gebohrner Deutscher ohne Fehler schreiben und richtig studiren / oder auch nur wissen könne / was er eigentlich schreibet / weniger wie er schreiben solle. Sie ist zu allen nutzlich. Sie dienet Jedermann / der Jugend und dem Alter / dem Einfältigen und dem Gelehrten / zum leichtlich lernen / und die Schreibfehler zu zeigen / zu erkennen und zu verbessern. Sie ist ein heilsames Hülfs-Mittel für die ganze deutsche Nation zur Erhaltung der grossen Völkerzierde / und des daraus entspringenden Ruhms und Nutzens in eigener Sprache wohl zu reden und rein zu schreiben / wie auch zum Flor und Wachsthum der deutschen Gelehrsamkeit.“

Soweit der Titel, der ein ganzes Programm enthält, an dem Antesperg in allen seinen Werken festgehalten hat. Das Ganze, ein Blatt in den Maßen 50 mal 60 cm, macht abgesehen von manchen angreifbaren Formen einen recht vernünftigen und brauchbaren Eindruck. Als erstes werden in übersichtlicher Tabellenform nebst kurzen Merkregeln die Deklination der bestimmten und unbestimmten Artikel, der Relativpronomina, der Substantiva aller drei Geschlechter, der Adjektive und aller Arten Pronomina sowie die Steigerungsformen der Adjektive gebracht.

Der zweite, umfassendere Teil behandelt die Konjugation, beginnend mit den Hilfszeitwörtern sein, werden, sollen, wollen, mögen, lassen und können. Die regelmäßige Konjugation wird am Worte „lieben“ demonstriert; es folgt eine lange Reihe unregelmäßiger Verben und abweichender Konjugationsformen, u. a. auch eine „mit den Auxiliaribus altväterisch“: „ich thue lieben“, was Antesperg auch später nicht ablehnt.

Ein Alphabet in Schreibschrift, Satzzeichen, Bemerkungen über die Syntax und die Orthographie runden das Werkchen ab, wobei an einer ganzen Reihe von Beispielen demonstriert wird, welche Irrtümer eine falsche Schreibweise nach sich ziehen könne, so z. B.:

drucken = pressen	–	trucken = Dörre
Ende = das letzte	–	Aente = Federvieh
gelehrt = erfahren	–	geleert = von leeren
offen = aufgeschlossen	–	Ofen = Feuerkasten
verhören = vernehmen	–	verheeren = verwüsten usf.

Die Tabelle schließt mit dem Satz: „Wer diese deutsche Felder der Wissenschaften fleissig durchgewandert / der wird bey nahe wissen / was er schreibet / und wie er schreiben solle.“ Die Sprechtabelle erschien zugleich in Wien, Nürnberg, Prag, Dresden, Leipzig, Regensburg, Augsburg und Frankfurt und genoß das kaiserliche Impressum, eine Art Copyright, d. h. jede Art Nachdruck in gleicher, erweiterter oder verminderter Form war bei Strafe von 5 Goldmark und Konfiskation verboten.

Reichspatriotismus und Deutschtümelei

Antesperg hat die Sprachtabelle seinem kaiserlichen Herrn gewidmet, und weil darin schon manche Gedanken auftauchen, die wir in dem ABC-Büchlein in gekürzter Form und meist in den Anmerkungen wiederfinden, seien die wichtigsten Punkte aus der Zueignung auszugsweise wiedergegeben: „Niemand kan in Abredenheit stellen / daß eine regelmäßig bekannte Landsprache sey eine der grösten Wohlthaten und Zierden ihres Volkes; dann diese giebt ihren Burgern eine Vorschrift / und ganz besonderen Gewalt / wie sie ihre Gedanken rein ausdrucken / und klar / deutlich / gewiß und zierlich eröffnen mögen; diese benimmt den Zänkern das Mittel / ihre unvernünftige Begierden zu vergnügen; diese bahnet der Wahrheit die Strasse zu den Herzen der Thoren; diese ist vermögend gute Künste / Sitten und Wissenschaften aller Facultäten mit ihren Grundregeln einzukleiden / zu tragen / zu lehren / und die Mitburger ihres Landes in eigener Sprache klug / hurtig / geschickt / und zu Kennern / und Liebhabern guter Künste und Wissenschaften zu machen; diese ist die allervortreflichste Lehrmeisterin / die da weis die Babylonische Perioden samt der Unsterblichkeit der Processen auszurotten / die Gewissens- und Rechts-Streitigkeiten schleunig und rein zu entscheiden / und Lieb / Fried und Einigkeit zwischen Haupt und Gliedern ihres Staats zu erhalten; diese zündet ihrer Welt ein Licht an / dessen sie ohne grossen Nachtheil nicht entbehren kan. Glückseelig sind demnach diejenige Völker / welche die gedruckte Bücher und des Europens Ruf gerechtfertiget / daß sie durch die kluge Einsicht und fleissige Ausübung das wahrhafte Lob erhalten / *in eigener Sprache wohl zu re-*

den und rein zu schreiben; Mühselig aber hingegen diejenige / welche diese grosse Völker-Zierde und den daraus entspringenden Ruhm und Nutzen noch nicht erreicht haben ... Dann eine ungewisse Sprache ist eine Strafe Gottes / ein Gespötte der Ausländer / ein untauglicher Werkzeug angenehmer / und nutzlicher Bücher / eine Schande / und eine Verwirrung des eigenen Volks. Diese ist demnach entweders zuverbessern / oder aus der menschlichen Gesellschaft gänzlich auszurotten. Allergnädigster Kayser / König und Herr, Herr! Dero unzahlbare Vasallen und Unterthanen sind Deutsche / wir dörfen es aber kaum sagen / wir sollten uns billich schämen diesen Namen zu führen. Warum? *weil uns die Sprache des beglückten Vaterlands / dessen Burger wir sind / meisten Theils noch nicht recht und regelmässig bekannt ist;* Dann unsere Schreibart ist unrein / ungewiß und undeutsch: unsere Schriften sind nur nach Gutdünken / und voller Fehler; wir wissen noch nicht / was wir schreiben / weniger wie wir schreiben sollten: unsere Mundart ist rauh / wie die heischere Töne; Wir sind noch Fremdlinge in unsrer Landsprache / Verächter des Eigenen und lüsterne Schüler der Ausländer / ja fast undankbare Dornhecken / welche das Land / so ihnen den Nahrungs-Saft liefert / verderben ... Ich sage / daß uns die deutsche Sprache noch *nicht* recht bekannt: dann ein anderes ist deutsch reden / und verstehen / ein anderes regelmässig verstehen / oder recht schreiben / oder des reinen Ausdrucks mächtig seyn. Das erstere findet man auch bey den Thieren / das andere bey gar wenig Männern in Deutschland: Keiner ist noch gewesen / welcher dessen hohen Gipfel der Vollkommenheit erstiegen / und über sie recht vollkommen Meister geworden ... *dann das stärkeste Band der menschlichen Gesellschaft ist die reine Sprache.*"

Es ist zwar rühmenswert, daß die Deutschen gerne fremde Sprachen lernen (davon distanziert sich Antesperg im ABC-Buch bereits, wo er über die vielen verlorenen Millionen klagt, die für fremdsprachige Publikationen ausgegeben werden), aber welche Müh' und Plag' bereitet ihnen das Studium, wie sauer wird es ihnen, „wann man ihnen die lateinische Sprache ... wohl gar mit empfindlichen Züchtigungen einprägen muß", und wieviel leichter ginge alles, wenn man zuerst die Muttersprache ordentlich lernte.

Da Antesperg nun Abhilfe schaffen will, weiß er auch den Grund für dieses verkehrte Lernen anzugeben: „Weil es ihnen durch so viele Jahrhunderte an einer leichten und augenscheinlichen Lehrart gefehlet."

Noch ein Wort zum Latein: Es heißt immer, Latein sei die Sprache der Gelehrsamkeit; mitnichten, meint Antesperg, „dann diese ist unter dem deutschen Himmel nicht gebohren / diese verderbt die unserige", und außerdem „sind dann in Deutschland lauter gelehrte? gehören die Unstudirte nicht sowohl in Deutschland / als jene? sollen die einfältige nicht unterwiesen werden? haben diese nicht ihre Güter / Freyheiten und Gerechtigkeiten in Deutschland?"

Wieder weiß der Anwalt Antesperg, daß die mangelhaften und oft falschen Schreibweisen im Justizwesen viel Unheil anstiften, „zu mannigfältiger Dunckelheit / Zank / Verwirrung / unnöthiger Weitlaufigkeit und Hemmung der Gerechtigkeit; ja zum Verlust der Haabe / Güter und Rechten vielfältigen Anlaß geben". Außer diesen sozialen Anwandlungen sind es vor allem deutsch- und reichspatriotische Motive, die Antesperg in allen Variationen zugunsten der Pflege der deutschen Sprache anzuführen weiß.

Der Wiener Autor Antesperg erwähnt, daß er die Sprachtabelle der „berühmten deutschen Gesellschaft in Leipzig" vorgelegt und deren Beifall gefunden habe[12].

Das war im Frühjahr 1734; im Herbst schickte er seine Grammatik und fand damit in Leipzig keine ungeteilte Zustimmung. An der Grammatik und einem deutschen Wörterbuch dürfte Antesperg, wie einer späteren Bemerkung zu entnehmen ist, ebenfalls schon jahrelang gearbeitet haben. Die Grammatik wurde, so scheint es, zum Gebrauch der Österreichischen Hofkanzlei angenommen und bildete vor ihrer Umarbeitung zur „Kayserlichen Deutschen Grammatick" den vierten Teil des „wohleingerichteten Oesterreichischen Lehrbüchleins in vier Theilen und zweierlei Schriften", das bei Johann Ignaz Heyringer erschien und dessen erste drei Teile eben das ABC-Büchlein, der Katechismus des Petrus Canisius sowie „Die orthographische Schreibschule" bildeten.

Dem Wörterbuch wurde 1737 das kaiserliche privilegium impressorium abgeschlagen, was nicht heißen muß, daß es nicht gedruckt worden sei.[13] Leider sind die Zensurakten der Reichskanzlei derartig lückenhaft erhalten, daß sich von daher nichts Bindendes aussagen läßt: Allerdings bezeichnet Antesperg 1747 die Herausgabe des Wörterbuches immer noch als Desiderat.

Gottsched und die Deutsche Gesellschaft

1735 pilgerte der Wiener in das Mekka der deutschen Sprachgelehrsamkeit, nach Leipzig, wo er mit Gottsched bekannt und selbst Mitglied der Deutschen Gesellschaft wurde. Diese war 1727 aus der „Deutschübenden poetischen Gesellschaft" entstanden, was aber einer Neugründung gleichkam[14]. Gottsched, damals erst 27 Jahre alt, war der erste Senior. In den Satzungen hieß es: „Man soll sich allezeit der Reinigkeit und Richtigkeit der Sprache befleissigen; das ist, nicht nur alle ausländischen Wörter, sondern auch alle Deutsche unrichtige Ausdrückungen und Provinzial-Redensarten vermeiden; so daß man weder Schlesisch noch Meißnisch, weder Fränkisch noch Niedersächsisch, sondern rein Hochdeutsch schreibe; so wie man es in ganz Deutschland verstehen kan."

Johann Christoph Gottsched (1700–1766) befand sich in den 30er Jahren auf dem Höhepunkt seines Ansehens. 1730 wurde er außerordentlicher Professor der Poesie in Leipzig, 1734 ordentlicher Professor der Logik und Metaphysik, 1739 zum erstenmal Rektor. Die Deutsche Gesellschaft benützte er als Sprachrohr für seine Lehrmeinungen, die er zunächst und am wirksamsten auf der Bühne zu verwirklichen vermochte.

Gottsched war ein Feind des Extemporierens, das im Stegreiftheater durch aktuelle Anspielungen das Publikum ergötzte, aber auch oft in die Zote abrutschte. Daher sollten nun der sittliche Gehalt und der intellektuelle Wert des Theaters durch die Aufführung literarisch einwandfreier Stücke gehoben werden.

Der Professor fand eine Verbündete in der berühmten Neuberin, deren Truppe 1727 das sächsische Theaterprivileg erhalten hatte. Freilich blieb sie bei allem Reformwillen eine Vollblutschauspielerin, die ohne die sinnenhafte Wirkung auf der Bühne und den Kontakt mit dem Publikum nicht auskommen konnte, er hingegen ein Mann der reinen Theorie und, humorlos wie er war, ein Feind jeder Situationskomik. So nimmt es eher Wunder, daß die Freundschaft über zehn Jahre hielt; noch 1739 verschaffte Gottsched der Neuberin ein lukratives Engagement in St. Petersburg.

Als Gottsched selbst schon schweren Angriffen zahlreicher Gegner ausgesetzt war, haben seine Wiener getreuen Anhänger die alternde Neuberin unmöglich gemacht. Zwar, Maria Theresias stets wache moralische Bedenken gegen das Theatervolk im allgemeinen und die Stegreifkomödianten im besonderen kamen dem Verlangen der Gottschedianer nach „geregelten" Stücken entgegen, dem Wiener Publikum aber waren diese literarisch einwandfreien Stücke einfach zu langweilig, und so gelang es dem genialen Philipp Hafner, „das improvisatorische Moment in die festgelegten Texte seiner Komödien zu retten[15]". Die Zoten waren verschwunden, der Witz war geblieben und das Alt-Wiener Volks-

theater den wütenden Angriffen der Gottschedianer zum Trotz bis hin zu Raimund und Nestroy gerettet.
1740 starb Karl VI., und die römische Kaiserkrone ging 1742 an den bayerischen Kurfürsten Karl Albrecht. Europa war in den Krieg, den Karls VI. Tochter Maria Theresia (1717–1780) um ihr Erbe vor allem gegen Bayern und Preußen durchzufechten hatte, verwickelt. Die vom neuen Kaiser Karl VII. an Stelle der in Wien ansässigen neu geschaffenen Reichsbehörden funktionierten, so weit es in diesen Krisenzeiten überhaupt möglich war, aber Antesperg ging nicht an den Reichshofrat in Frankfurt. 1747 schrieb er über diese Jahre: „Da nach dem Tode des Kaysers Caroli VI. allerglorwürdigsten Andenkens sich zu Wien ein vierjähriges Reichshofräthliches Interregnum ereignet, und ich mich damals nacher Frankfurt nicht habe begeben, sondern bey meinen lieben Herren Oesterreichern verbleiben wollen[16]", so war ihm in diesem „otio Viennensi", wie er die halb unfreiwillige Unterbrechung seiner Anwaltstätigkeit in den fünf Jahren bis zur Kaiserwahl Franz Stephans, des Gemahls Maria Theresias, nannte, Muße genug gegönnt, sich seinen grammatikalischen Arbeiten zu widmen.

Das Erzherzogliche A.B.C. Oder Namenbüchlein

1744 erschien „Das Josephinische Erzherzogliche A.B.C. Oder Namenbüchlein". Das hier wiedergegebene Exemplar ist als Widmungsexemplar an den ältesten Sohn des Kaiserpaares, Erzherzog Joseph (1741–1790), adjustiert, aber wer Antesperg ein wenig kennengelernt hat, wird nicht zweifeln, daß er dem Büchlein auf diese Weise den Weg in die Öffentlichkeit bahnen wollte. Ja, er sagt es selbst in der Widmung: „So habe nebst andern gegenwärtiges Lehrbüchlein in zweyerley Schriften zum rechten Anfang der deutschen Schulen einrichten . . . sollen." Auch aus den für den Erwachsenen bestimmten Anmerkungen im Text erhält man den Eindruck, daß Antesperg sein ABC-Buch auf eine allgemeine Verbreitung in Schule und Haus hin angelegt hatte – zumal ein Teil dieser Anmerkungen für eine Prinzenerzieherin oft ebenso – gelinde gesagt – unpassend sind wie für den hohen Zögling.
Leider gibt es keine Spezialliteratur über das österreichische Kinderbuch und vor allem fast keine österreichischen Titel aus dieser frühen Periode, die eine halbwegs brauchbare Vergleichsbasis bieten könnten. Den wenigen Kennern der Materie war Antespergs Büchlein nicht geläufig. Ihrem Urteil nach, das ich hier dankbar wiedergebe[17], fügt es sich einerseits in die Tradition der Kinderbücher ein, übernimmt Formen aus dem

„Orbis sensualium pictus" des Comenius (1658) und dessen Schreib-Lese-Methode, bringt wohl einige Gebete, was aber die religiöse Unterweisung betrifft, wird auf den Katechismus des Petrus Canisius (1558) verwiesen, anderseits entspricht es in seiner Mischung nicht ganz dem gängigen Typ.
Mit der am Ende des 18. Jahrhunderts üblichen Form des polyglotten Sprachbuches, das eine Reihe lebender Fremdsprachen zum Vergleich heranzieht, hat es nichts gemeinsam. Das nimmt bei Antespergs ideologischer Position nicht wunder, wie ja überhaupt das Werkchen am ehesten eine kindergerechte Bearbeitung der Sprachtabelle unter Beimischung stark reduzierter Elemente aus seiner Grammatik darstellt.
Der Einband des hier wiedergegebenen Exemplars ist aus rotem Samt, verziert mit Seidenstickerei; diese zeigt ein mit der heraldischen Königskrone gekröntes Wappen jenen Typs, den wir bis 1765 am häufigsten bei Maria Theresia finden: im Herzschild der österreichische Bindenschild, bekrönt mit dem Erzherzogshut, heraldisch rechts oben das neuungarische Wappen, links der doppelschwänzige böhmische Löwe, unten rechts Burgund und links der Tiroler Adler.[18] Als Frontispiz beigebunden findet sich ein Porträt des kleinen Joseph im ungarischen Gewand, der in spielerischer Geste die Kollane mit dem Orden vom Goldenen Vlies vor sich herhält.
Diesen Typus hat der aus Schweden gebürtige kaiserliche Hofmaler Martin van Meytens d. J. geschaffen. Er findet sich in zahlreichen Repliken; die hier vorliegende wurde 1743 von Jacobus Houbraken gestochen. Meytens selbst hat die Komposition 1744 und noch 1749 für Gruppenbilder, die den Erzherzog mit drei bzw. sechs Geschwistern zeigen, wieder aufgenommen.
Die Widmung bewirkte offenbar die Approbation durch den Hof, noch bevor die Universität ihres Zensuramtes waltete, wie der Rhetorikprofessor P. Anton Pamer als Zensor ausdrücklich vermerkt. Das Imprimatur war somit nur eine Formsache, und dies erklärt, daß – wie wir später sehen werden – ein Lapsus passierte, den ein Zensor aus dem Jesuitenorden nicht hätte durchgehen lassen dürfen.
In der Widmung an den Erzherzog schreibt Antesperg einleitend: „Die Gewißheit der Sprache ist das Merkmal eines klugen Volkes, eine grosse Zierde des Hofes, und ein unerschöpflicher Nutzen in allen guten Geschäften und Wissenschaften. Wann wir demnach durch Eure Erzher-

Der Einband der Druckvorlage
mit gesticktem Wappen Maria Theresias

zogliche Durchlaucht der Gewalt des reinen Ausdruckes in eigener Sprache mächtig werden können, so erweisen höchst Dieselbe schon in der zarten Jugend dem Deutschland unstreitig eine grössere Wohltat, als Carl der Grosse, und alle bisherige Kayser.“ Der Autor wünscht, daß „Oesterreich hierunter besonders die Gnade haben möge, Eure Erzherzogliche Durchlaucht als den Stifter und Urheber der unschätzbaren reinen deutschen Literatur unterthängst zu rühmen, zu lieben und zu verehren“.

Ähnlich hatte Antesperg versucht, schon Karl VI. zu motivieren und dabei auch den Vergleich mit Karl dem Großen ausführlicher erklärt: „Dann Carl der grosse der das Römische Reich auf die Deutschen gebracht hat seine angebohrne Sprache sehr geehrt / am liebsten geredet / und nach dem Zeugniß seines Canzlers Eginhard sich über die Rauhigkeit seines Volkes erbarmet / und selbst eine deutsche Sprachkunst geschrieben / auch den zwölf Monaten und vier Winden deutsche Namen gegeben[19].“ Besonders im 19. Jahrhundert hat man Karl den Großen dann gerne als Volksbildner gewertet, und die Historienmalerei überliefert das Motiv des in seiner Pfalz in Aachen schreibenden Kaisers.
Als weitere kaiserliche Exempla rühmt Antesperg Friedrich Barbarossa, der dem Papst deutsch geantwortet habe, und von den Habsburgern Rudolph I., Maximilian I., der der deutschen Sprachen wegen „einen kostbaren Reichs-Tag gehalten / und zu ewigem Ruhm und Nutzen der deutschen Sprache und Nation beschlossen / daß hinführo alles in reiner deutscher Sprache vorgebracht / verhandelt / verabschiedet / und bey dem Kayserlichen Kammergericht ... keine andere als deutsche Acten angenommen werden sollen“. Ferdinand I., Rudolph II., Matthias und Ferdinand III. sind diesem Beispiel gefolgt.

Antesperg hat es nicht mehr erlebt, daß Joseph II. seinen Erwartungen bis hin zur Organisation des Burgtheaters als deutsches Nationaltheater und zum Versuch, in Ungarn Deutsch als Amtssprache einzuführen, weitgehend entsprochen hat.

Im 10. Kapitel des ABC-Buches nennt er unter den „vier vornehmsten Sprachen“ die deutsche an erster Stelle und merkt dazu an: „Die deutsche Sprache braucht man im Heiligen Römischen Reich.“ Manches ist da, bedenkt man die Konstellation in der Familie, in den Erblanden und im Reich, recht ambivalent.

Franz Stephan von Lothringen, Josephs Vater, stammte wohl aus einem Reichsland, aber dieses war französischsprachig. Wie mag er mit seinem Sohn geredet haben? Maria Theresia und alle ihre Kinder führten die Korrespondenz untereinander bis auf einige eingestreute Brocken französisch. Erzherzog Leopold nannte sich als Großherzog von Toscana „Pietro Leopoldo", und Joseph unterzeichnete die Akten des italienischen Departements mit „Giuseppe".

Im Heiligen Römischen Reich sprach man beileibe nicht nur deutsch, sondern französisch, italienisch, böhmisch. Aber Antesperg verstand es als ein Reich deutscher Nation und deutscher Sprache. Im 5. Kapitel bedauert er, nachdem die Klagen über die „undankbaren Dornenhekken" aus der Sprachtabelle wortwörtlich wiederkehren, „warum wir nicht, wie andere gesittete Völker, in der eigenen Sprache klug, hurtig, bescheiden, und Kenner und Liebhaber guter Künste und Wissenschaften werden können, sondern so viel Millionen Geld auf fremde Sprachen und Bücher verschwenden müssen" (S. 23).

Trotz seiner kritischen Haltung gegenüber dem Lateinischen, vermag er sich nicht davon zu lösen. Ihm gilt es als Beweis für die Flexibilität des Deutschen, daß man darin in ebensolchen Versmaßen schreiben könne wie im Lateinischen, und, wenn er am Schluß des ABC-Büchleins die Bedeutung der Orthographie für das richtige Verständnis der Worte betonen will, dann muß ihm Latein zur Erläuterung dienen: „Das Bein heißt os, die Pein dolor" (S. 47), „Die Nüsse heißen nuces, die Nisse seynd in Haaren und heissen lendes", „Ganz heißt totus, Gans heißt anser" (S. 48) usw.

Ebenso wendet sich Antesperg gegen die Dialektaussprache, was er besonders in der „Kayserlichen Grammatick" mit zahlreichen Beispielen belegt. Es ist nicht unrichtig, wenn in den Handbüchern festgehalten wird, daß Antesperg als erster den Dialekt in seine Studien einbezogen habe, doch darf man dies nicht in positivem Sinne verstehen; erst Popowitsch war es, der am Dialekt wissenschaftliches Interesse zeigte.

Ein aufgeklärtes ABC-Buch

Die vorliegende Ausgabe bringt zunächst „Die Vorschule zu dem A.B.C. oder Namenbüchlein", d. h. die Erlernung des Alphabets mit Hilfe von Bildchen und dazu passenden Sprüchen. Die Illustrationen stammen wie die ebenfalls gestochenen Seiten in Schreibschrift (S. 13, 45) von dem Universitätskupferstecher Thomas Bohacz († 1764). Die „Vorschule" ist auch gesondert erschienen. Das eigentliche ABC-Büchlein beginnt wieder mit den „deutschen Buchstaben" in Druckschrift (Fraktur) und Schreibschrift (1. Kapitel), geht dann auf die Silben (2.–3. Kapitel) und schließlich auf die Wörter über, wobei einige kurze metrische Angaben eingeschlossen sind (4.–5. Kapitel). Das 6. Kapitel bringt männliche und weibliche Vornamen, das 7. das Vaterunser, den Englischen Gruß (Gegrüßet seist du Maria) und das Apostolische Glaubensbekenntnis, das aber im Wortlaut nicht korrekt ist. Im 9. Artikel müßte es heißen: „Eine, heilige, katholische Kirche." Antespergs Zusätze „eine heilige *allgemeine christliche* catholische Kirche" hätten eigentlich die Zensur nicht passieren dürfen. Sie klingen so recht nach überkonfessionell christlichem Gedankengut, wie es z. B. im Kreis um Leibniz propagiert worden war.

Die Kennzeichnung „catholisch" bei Antesperg legt daher auch eher den Gebrauch im Sinne der griechischen Urbedeutung, nämlich als „allgemein, weltweit" nahe, und nicht so sehr die auf die Konfession einengende Bedeutung „römisch-katholisch". Die in der Note 6 zum Glaubensbekenntnis gelieferte Erklärung, seine zwölf Artikel seien von den zwölf Aposteln verfaßt worden, ist auch nach den Erkenntnissen des 18. Jahrhunderts schlicht und einfach falsch. „Apostolisch" bedeutet lediglich, daß es auf dem Glauben der Apostel beruhe. Schließlich stellt sich Antesperg mit der Behauptung, „Initium Sapientiae, est timor Domini" sei ein arabisches Sprichwort (S. 30, Nota 7), kein überragendes Zeugnis theologischer Bildung aus; es handelt sich vielmehr um Psalm 110, Vers 10.

Das 8. Kapitel bringt Morgen-, Tisch- und Abendgebete, wobei das Gebet vor dem Essen der Benedictio mensae, also dem in katholischen religiösen Gemeinschaften üblichen Tischgebet, entspricht.

Diese ersten acht Kapitel wollen als eine Einheit verstanden sein, ein erstes Buchstabieren, „welches", wie der Autor meint, „die Kinder öfters bey den Müttern zu Haus . . . lernen". Im 9. Kapitel folgt das Zählen von 1 bis 100, dann noch 500, 1000 usw.; auch die Ordnungszahlen, die Zahl als Umstandswort und das kleine Einmaleins werden gelernt. Das 10. Kapitel bringt unter allerlei Wissenswertem wie den vier Erdteilen (ohne Australien), den vier Himmelsrichtungen, den vier Jahreszeiten, als § IV.:

„Die vier vornehmsten Sprachen sind: 1. Die Deutsche, 2. Die Hebräische, 3. Die Griechische, 4. Die Lateinische."

Daß die deutsche Sprache an erster Stelle steht, nimmt nicht wunder, aber die Degradierung des Latein (als Sprache der „römischen Kirche") an die vierte Stelle und die Bezeichnung der hebräischen als „die heilige" (wie im protestantischen Humanismus) verrät erneut eine gewisse antirömische Tendenz des Aufklärers Antesperg. Im Zuge dieses allgemeinen Bildungsgutes für die Kleinsten hält Antesperg allerdings, um das Planetensystem ins astrologische einzupassen, an dem veralteten ptolemäischen Weltbild fest und bezeichnet Sonne und Mond als Planeten. Kopernikus' Werke standen eben noch bis 1757 auf dem römischen „Index der verbotenen Bücher".

Das 11. Kapitel bringt „Regeln der christlichen Tugend und Sitten", das 12. die vier Grundrechnungsarten mit leichten Schlußrechnungen, das 13. führt vom Lesen der Druck- zum Lernen der Schreibschrift, und schließlich können die Kinder auch das „lateinische" ABC lernen, das bisher dem Lehrer vorbehalten war. Denn im Gegensatz zum sonstigen drucktechnischen Gebrauch der Zeit wurden hier die Anmerkungen für den Lehrer in „lateinischer" Schrift, d. h. Antiqua, und alles, was die Schüler lesen sollten, in deutscher, also in Fraktur, gesetzt. Zeitüblich war der Fraktursatz für alles Deutsche und die Verwendung der Antiqua für alle Fremdsprachen bzw. für Fremdwörter.

Am interessantesten sind die Anmerkungen, die neben pädagogischen Hinweisen für den Lehrer Antespergs ideologische Bekenntnisse enthalten und über das rein Sprachliche hinausgehen. Was am meisten ins Auge fällt, ist die starke aufklärerische Komponente des ABC-Büchleins. Schon im Titel finden Schlagworte wie „vernünftige Weise", „geringe Mühe und Unkosten" Verwendung. In der Dedikation begegnet das „kluge Volk" – noch vor dem Hof genannt – und wieder der „unerschöpfliche Nutzen in allen guten Geschäften und Wissenschaften", wie überhaupt die Nützlichkeit als Motiv für das Lernen eine entscheidende Rolle spielt.

Besonders augenfällig ist die Betonung des Nützlichkeitsstandpunktes bei der Erklärung der sieben Bitten des Vaterunser, „wovon die drey erste zu der Ehre GOttes, die vier übrige aber zu unserem Nutzen gereichen" (S. 27).

Die „Regeln der Christlichen Tugend und Sitten" im 11. Kapitel schließlich enthalten außer der ersten keinerlei Rückbindung mehr an Christus oder die Heilige Schrift. Christliche Tugend ist hier gleichgesetzt mit aufgeklärter Moral. Es ist typisch für die Aufklärung, daß sie naturrechtliche Maximen, die in die christliche Heilsbotschaft integriert waren, von dieser loslöst und als allgemein menschliche Verhaltensmaßregel postuliert. Auch in der katholischen Theologie jener Epoche stand nicht der Glaube, sondern die Moral im Vordergrund, seit sich Alphons von Liguori, der Gründer des Redemptoristenordens (1732), mit der Betonung der Barmherzigkeit Gottes gegen den Rigorismus der Jansenisten wandte. Das ist geistesgeschichtlich deshalb interessant, weil Alphons damit Positionen der Jesuiten übernahm, die schon immer das

Zusammenwirken der göttlichen Güte mit dem menschlichen Bemühen betont hatten, während die Jansenisten diesen Dualismus als Häresie verteufelten und die Erlösung lediglich als einen Akt der Gnade Gottes verstanden.

Die Aufklärung in Österreich

Die neue Weltanschauung, die sich seit der zweiten Hälfte des 17. Jahrhunderts über Europa verbreitete, eben die Aufklärung, ist im allgemeinen gekennzeichnet durch das Abrücken von der Offenbarung und der Annahme einer allgemeinen natürlichen Religion, wobei es in Österreich und Süddeutschland eine besondere, von Italien beeinflußte katholische Variante gab.[20] In Österreich faßte das neue Gedankengut des Reformkatholizismus, der antirömisch und vor allem antijesuitisch, dafür aber staatskirchlich geprägt war, vor allem im Kreis um den Prinzen Eugen und dessen Freund, den päpstlichen Nuntius und späteren Kardinal Domenico Passionei, Fuß.
Von hier laufen die Fäden zu dem berühmten estensischen Bibliothekar in Modena, Ludovico Antonio Muratori, zu Leibniz, zu den Maurinern, der gelehrten französischen Benediktinerkongregation. Für Österreichs öffentliches Leben wuchs damals eine neue Generation heran, die vor allem in der zweiten Hälfte des 18. Jahrhunderts in den Spitzenpositionen dem Gedankengut der Aufklärung zum Sieg verhalfen. Ihrer geistigen Haltung nach sind die beiden geschichtlich bedeutsamen Söhne der Kaiserin, Joseph (geboren 1741) und Leopold (geboren 1747), ohne Einschränkung dieser Generation zuzurechnen.
Der Philosoph der deutschen Aufklärung – Österreich mit inbegriffen – war Christian Wolff (1679–1754), der es verstand, eine gefällige Harmonie von göttlicher Vernunft und Vernunft des menschlichen Geistes, der zu stetigem Fortschreiten geschaffen ist, seinem selbstzufriedenen und daher großen Anhang zu suggerieren. Wolff entwirft das Bild eines Vernunftstaates, getragen von einer Vernunftgesellschaft. Der Glaube an den Verstand bedingt den Glauben an die Lehrbarkeit des sittlich Guten und dieser wieder den Glauben an einen Fortschritt, der die Menschen zur Glückseligkeit führen wird.
Alles hängt davon ab, die Menschen vernünftig zu erziehen. Im Zuge dieser Bildungsaufgabe kommt der Sprache naturgemäß ein hoher Stellenwert zu. Der Unterricht in der Muttersprache gewinnt besonders an Bedeutung, um das Bildungsgut an möglichst viele Menschen heran-

bringen zu können. Antesperg verwendet in seiner Kayserlichen Grammatik den Begriff „Vernunftlicht“ synonym für (deutsche) Sprache.

Die Erziehung der Kinder Maria Theresias

Antesperg hat sein ABC-Buch dem dreijährigen Erzherzog Joseph gewidmet. So liegt es nahe, einen Blick auf die Erziehungs- und Unterrichtsmethoden in der kaiserlichen Familie zu werfen. Maria Theresias Liebe vor allem zu den kleinen Kindern ist hinlänglich bekannt. Die älteste Tochter Maria Anna erinnert sich an ihre Kindheit: „Ich lebte in der blühe meiner Jugend an einem der lustigsten Höffen unter einer grossen anzahl jugend, welcher kein zaum angeleget war[21].“
Über den fünfjährigen Erzherzog Joseph schreibt der preußische Gesandte Graf Otto v. Podewils: „Die schlechte Erziehung, welche der Erzherzog erhält, und die allzu weitgetriebene Zärtlichkeit seiner Eltern lassen nicht darauf hoffen, daß er jemals ein großer Fürst werden wird.“ Und ein andermal: „Sie vergöttert den Erzherzog Joseph, und sie läßt ihm viele Fehler hingehen, um derentwillen sie ihn strafen sollte. Doch gibt sie sich manchmal das Ansehen einer gewissen Strenge gegen ihn, und sie behauptet ihn nicht zu verziehen.“
Da Podewils den Knaben nicht leiden konnte, sind seine Äußerungen ein wenig mit Vorsicht zu betrachten, aber Maria Theresia schrieb selbst in der Instruktion an den Erzieher Karl Graf Batthyány: „Da mein Sohn als ein lieb und importantes Pfand mit größter Zärtlichkeit und Liebe von der Wiege an gepflegt worden, ist sicher, daß seinem Willen und Verlangen in vielen Stücken zu viel nachgegeben worden . . .[22].“
In den ersten drei Lebensjahren war Joseph wie seine beiden ältesten Schwestern, Maria Anna und Marie Christine, der Gräfin Belrupt anvertraut. Dies war schon bei der Hochzeit der Eltern festgelegt worden; als die Schwester Maria Theresias heiratete, stieg die Gräfin jedoch zu deren Obersthofmeisterin auf, „weillen man aber nicht sagen wollen, daß sie die Kinderzucht nicht genugsam verstunde“ und „weillen man gerne eine andere bei der jungen Herrschaft gehabt hätte[23]“. Die neue Aja wurde Maria Katharina verwitwete Gräfin Saurau, geb. Breuner, die immerhin schon 49 Jahre alt war. Schon damals dachte Maria Theresia daran, für Joseph einen männlichen Erzieher zu bestellen, aber es dauerte noch drei Jahre, bis Karl Graf Batthyány 1747 ernannt wurde. Gleichzeitig wurden dem Erzherzog fünf Kammerherren zugeteilt.

Die Erzieherinnen hatten in allem freie Hand, nur in Sachen der Gesundheit waren sie strikt an die Anweisungen des Leibarztes Gerard van Swieten gebunden, und sie mußten die Mutter stets auf dem laufenden halten. Es war darauf zu achten, daß die Kinder zu keiner bestimmten Kinderfrau eine besondere Neigung faßten, sich vielleicht nur von einer anziehen oder an der Hand führen lassen wollten. Den Kindern durften nicht alle Wünsche erfüllt werden, und, wenn einmal ein Verbot ausgesprochen war, durfte man sich keinesfalls umstimmen lassen. Die Kinder durften nicht erschreckt, aber auch nicht durch übliche Albereien wie Grimassenschneiden amüsiert werden. Wenn sie sich fürchteten, sollte man ihnen die Umstände so weit erklären, daß die Angst gebannt war. Verwöhnen durch zu warmes Anziehen oder ähnliches mochte Maria Theresia nicht leiden; auch mußten die Kinder daran gewöhnt werden, bei Licht und Lärm zu schlafen. Sobald sie zu reden begannen, mußte die Aja darauf achten, daß die Wörter richtig ausgesprochen wurden; eine Kleinkindersprache war verpönt[24].

Im Februar 1746 (Joseph wurde am 13. März 5 Jahre alt) bekam das Kind seinen ersten Lehrer im Lesen und Schreiben, im Jahr darauf Unterricht in Religion, Geschichte, Geographie und Französisch. Es versteht sich, daß der erste Sprech-, Lese- und Schreibunterricht in Deutsch erteilt wurde. Sehr viel Aufhebens wurde davon nicht gemacht, so daß wir aus den Quellen mehr über den früh einsetzenden Französisch-, Italienisch- und Ungarischunterricht und etwas später von der Erlernung einer slavischen Sprache (wohl Böhmisch, wie man aus dem Unterricht des Erzherzogs Leopold analog schließen kann) erfahren. Der von Batthyány 1751 entworfene Stundenplan enthält täglich eine Viertelstunde deutsche Lektüre von 10 Uhr 30 bis 10 Uhr 45 und anschließend Schreibübungen bis 11 Uhr 30. Eine undatierte Ferienordnung für eine Tochter Maria Theresias sieht jeden Montag, Mittwoch und Freitag „von 2 bis 3 Uhr die Teutsche lehr“, von 8 bis 9 Uhr täglich den Schreibmeister vor[25]. Der Erzieherin der Enkelkinder in Mailand schrieb die Kaiserin 1773: „Da die Kinder meines Sohnes deutsche Prinzen sind, ist es selbstverständlich, daß sie vor allem die Muttersprache des Oberhauptes der Familie lernen[26].“

Der umfangreiche Fremdsprachenunterricht versteht sich angesichts der künftigen Herrscheraufgaben des Prinzen – namentlich in den Ländern der Wenzels- und der Stephanskrone sowie in den italienischen Besitzungen – von selbst. Latein und Poesie betrachtete der Studienleiter und Staatsmann Johann Christoph Frhr. v. Bartenstein als wenig wichtig, um so höher schätzte er den Wert der Rhetorik und der Geschichte ein, wobei die moderne europäische Geschichte mit Reflexionen über Politik im Vordergrund stand. Ferner begann schon der Zehnjährige mit juristischen Studien; es gab Philosophie, Geographie, Physik, Naturgeschichte, Mathematik und militärische Disziplinen. Für die meisten Fächer mußten erst geeignete Lehrbücher geschaffen werden ähnlich wie im Deutschen.

Grammatik für Österreicher contra Grammatik für Ober-Sachsen

Größere Beachtung als das ABC-Buch von Antesperg fand seine 1747 in erster und 1749 in zweiter Auflage bei Johann Ignaz Heyringer (seit 1742 Hochfürstlich Erzbischöflicher Buchdrucker) in Wien erschienene „Kayserliche Deutsche Grammatick"[27]. Den geänderten Verhältnissen entsprechend ist das Werk nun Franz Stephan gewidmet: „Obschon andere Europäische Höfe ihre Sprachen ausgeübet und durch eigene Grammaticken und kostbare Lexica unter eine gewisse Regel und Ordnung ruhmwürdigst gebracht haben, so ist jedoch, so lange die Welt stehet, noch keiner fähig gewesen, eine Kayserliche Deutsche Grammatick und ein Kayserliches Deutsches Grammaticalisches Wörterbuch zu verfassen . . .
Eurer Römischen Kayserlichen auch Königlichen Majestät niemals genugsam gepriesenen Liebe zu schönen Wissenschaften überreiche ich demnach allerunterthänigst gegenwärtiges Hof- und Völkerzierliches Werk, welches in unsrem lieben Vaterlande das erste, und den Ruhm des Kayserlichen Hofes, wie auch die Ehre und den Nutzen des ganzen Deutschlandes zum Endzweck hat . . . Wird solches das Glücke haben, Dero allerhöchsten Beyfall zu erhalten, so ist es in ganzem Deutschlande gerechtfertiget. So wird das unschätzbare Kayserliche Deutsche Grammaticalische Dictionarium bald nachfolgen. So wird aller Zweifel, Streit und Finsternuß in der deutschen Literatur sich von selbst verlieren."
Im Vorwort an den „Deutsch-geneigten Leser" faßt Antesperg noch einmal und ausführlicher seine Grundsätze und Anliegen zusammen, die im ABC-Büchlein verstreut in den Anmerkungen zu finden sind. U. a. heißt es da: „So ist auch Ferners zu betrauren, daß wir unsre liebe Jugend wegen der fremden grammaticalischen Schreibfehler so gerne bestraffen, und hingegen derselben die eigene zu ihrem und des Vaterlandes Nachtheil ungeandet dahin gehen lassen . . . Da jedoch unsere eigene Inscriptiones oder Schriften bey nahe in allen Orten, ja so gar unserer Jugend geistliche und weltliche Schulbücher fast insgemein

noch mit so vielen Fehlern wimmlen, daß man bey den Türken in eigener Sprache und Lehrart nichts so Unreines finden wird. Dahero ... unsere lateinische Studenten öfters nach erhaltenen academischen Ehrentiteln nicht allein noch keine reine deutsche Zeile zu schreiben wissen, sondern auch in der ganzen deutschen Sprache fast nicht 20. deutsche Wörter sprachrichtig verstehen ... Dieses" (und noch viele Gründe, die wir aus Antespergs früheren Werken schon kennen) „mag wohl die Ursache gewesen seyn", wird er nun rechtlich deutlich, „warum andere gesittete Völker ihre Grammaticos hochgeschätzet, und ihre erste Erfindungen ex aerario publico mit vielen Talenten Goldes belohnet haben ... Dieses wird Ludwig den Vierzehenden König von Frankreich bewogen haben, daß er etliche Millionen Livres auf sein Königliches Wörterbuch verwendet." Auch später (S. 332) erwähnt er einen „Dictionnaire Royale", der gewiß das Vorbild für sein „Kayserliches Deutsches Dicitionarium oder Wörterbuch" ist.

Antesperg bittet zwar um Entschuldigung dafür, wenn in seinem Werk nicht „vollkommene Richtigkeit" herrscht, doch Bescheidenheit ist seine Sache nicht. Entschuldigungsgründe weiß er genug: „Weil aller Anfang schwer. Weil dieses Büchlein nicht groß, auch nicht theuer seyn darf." Vor allem aber: „Weil ich in dieser Arbeit sehr wenige rechte Vorgänger gefunden. Weil bishero noch keiner im Stande gewesen, eine Kayserliche Deutsche Grammatick zu schreiben; Daß es scheinet wahr zu seyn, was der Poete von den ersten Grammaticis gesungen:

> Burgermeister, Rath und Schöpfen stellt man alle Jahre dar,
> aber Kayser und Sprachlehrer zeuget nicht ein jedes Jahr."

Daß selbst ein wohlmeinender Rezensent an solchen Äußerungen Anstoß nehmen mußte, versteht sich, obwohl diese Tendenz der Selbsteinschätzung durchaus zeitüblich war.

Das Werk ist in vier Teile gegliedert:

1. Von der deutschen Etymologie oder Wortforschung ins gemein.
2. Von der deutschen Wortfügung. De Syntaxi Germanica.
3. Von der deutschen Orthographie oder Rechtschreibung. De Orthographia Germanica.
4. Von der deutschen Prosodie (Tonsprechung) oder dem deutschen Sylbenmaße.

Auf die grammatikalischen Einzelheiten, die Antesperg mit den Zeitgenossen verbindet oder sie von ihm unterscheidet, einzugehen, ist hier nicht der rechte Ort.[28] Bemerkenswert ist, daß er nicht prinzipiell gegen alle Fremdwörter eingestellt ist, „wie manche unvernünftig rasen ... Dann dieses heißt unserer Sprache ein Recht benehmen, welches andere mit vielen Vortheilen geniessen, und genossen haben. Ein fremdes Wort bereichert die Sprache und den Verstand unserer Mitbürger" (S. 317). Gänzlich abgeneigt ist er aber jedem Dialekt, obwohl er einräumt, daß die in der Grammatik angestrebte Gelehrtensprache eine „angenommene" sei, also eine Kunstsprache, die nicht „gemeinhin" Verwendung findet.[29]

Bereits im Erscheinungsjahr 1747 brachte der „Neue Büchersaal" in Leipzig eine Besprechung[30]. Sie beginnt mit Reflexionen, die das Unverständnis einer im deutschen Nationalismus verhafteten kleinbürgerlichen Gesinnung für einen übernationalen Staat recht deutlich machen und die als Zeiterscheinung für uns von größerem Interesse sind als die Rezension selbst:

„Es sind mehr als dreyhundert Jahre verflossen, seit dem das österreichische Haus seine kaiserliche Residenz in Wien gehabt: und gleichwohl ist in dieser langen Zeit die deutsche Sprache, an diesem höchsten Hofe von Deutschland in sehr schlechten Umständen gewesen und geblieben ... Zu der Zeit als die griechische Monarchie sich bis nach Asien und Africa erstreckte, mußten alle ihr unterworfenen Völker griechisch reden lernen." Ebenso machten es die Römer. „Die Herrschaft der Welt ist endlich an die Deutschen gekommen: und ihre Macht hat sich nicht nur in den letzten Jahrhunderten über Böhmen und Ungarn, Sclavonien und Servien, Croatien und Dalmatien; sondern auch über Wälschland und Spanien erstrecket. Was wäre also natürlicher gewesen, als daß auch die deutsche Sprache in alle diese Länder gedrungen; und wo nicht die allgemeine Landesprache aller dieser Völker, doch wenigstens die Hofsprache derselben geworden wäre? Allein durch ein seltsames Schicksal, haben die Beherrscher dieser vielen Länder von ihren Unterthanen reden gelernet, und ihre eigene Muttersprache dadurch bey den Ausländern in Verachtung gebracht. So thaten die Römer nicht ..."

Der Grundtenor der eigentlichen Rezension ist durchaus positiv, wenn auch Antesperg Austriazismen („In dem Capitel der Aussprache aber würde noch manches auf die böse österreichische Mundart zu schieben seyen", S. 572 f.) vorgeworfen werden und der Rezensent allenthalben durchblicken läßt, daß man zumindest im Norden Deutschlands nicht gezwungen war, auf des Österreichers Erleuchtungen zu warten. Antespergs Großmäuligkeit, mit der er die Priorität seiner Werke anpreist (was aber auch sonst ein Kennzeichen der Grammatiker jener Jahre war), wird da zurechtgestutzt.

Genau an diesem Punkt hakt auch die Besprechung in den „Ollmützer

Monathlichen Auszügen Alt- und neuer Gelehrter Sachen", IV. Band, 2. Stück, ein. Sie erschien im Jahre 1748, als auch bereits Gottscheds „Grundlegung einer deutschen Sprachkunst" – ein Jahr nach Antesperg – erschienen war. Anlaß genug für den Rezensenten, beide Grammatikwerke einander gegenüber zu stellen. „Herr Antesperg schreibt für die Oesterreicher. Herr Gottsched für die Sachsen, und zwar für die Ober-Sachsen" – eine Bemerkung, die beide Autoren gleichermaßen geärgert haben wird, war doch jeder überzeugt, für die Deutschen schlechthin zu schreiben – „derohalben ist nicht zu verwundern, so jeder eine in etwas unterschiedene Art in einer Sache hat". Als Beispiel wird das Kapitel „Wortforschung" „dieser zween würdigen Sprach-Lehrer Deutschlands" einer vergleichenden Analyse unterzogen (S. 579–590). Der Schluß lautet: Man lasse jedem „seinen unverbesserlichen Geschmack, von dem einem Gramaticus abzuweichen nicht wohl gegeben ist, dahero wahr wird: In diesem Streit kann nur die Nachwelt Richter seyn."

Bei dem tödlichen Ernst, mit dem jeder Grammatiker das Dogma seiner Sprachrichtigkeit verteidigte, wirkt die Ironie, mit der der Autor Antespergs Vorrede glossiert, geradezu wohltuend: „Wenn jemand die Hitzigkeit dieser Grammatikalischen Streitigkeiten betrachtet, wenn man die Weltweißheit, Mathematik, Geschichte, und andere, dem menschlichen Leben nothwendige Wissenschaften und Künste der Sprachlehre so weit nachsezen sieht, daß man oft über einen Buchstaben, den jemand zu verbannen unternimmt, ein anderer aber dessen Schutzwehre sich vorgenommen hat, zu Todfeinden wird; ja bey einem solchen alle Missethaten eher Verzeihung erlangen würden, als eine Verirrung eines Buchstabens in der Rechtschreibung; so wird er dem Herrn Antesperg seinen kleinen Hochmuth, den er in der Vorrede hervor blicken läst, leichtlich vergeben ...

Was ist aber wohl eine Kayserliche Grammatik? Dann Grammatiken, und nicht unebene Grammatiken, haben ... mehrere geschrieben. Besteht also die Kunst darinnen, daß man eine Kayserliche Grammatick hervorbringe. Was macht aber, daß eine Grammatick Kayserlich seye? Ist es genug, daß man sie einem Kayser zuschreibe? Solle dieses zu thun niemand vor Herrn Antesperg im Stande gewesen seyn? dann ich glaube doch nicht, daß er sie, gleich einer goldenen Bulle, als ein Kayserlich Gesetz, dem Römischen Reich, so weit sich das Gebiet desselben erstrecket, wird aufdringen wollen?

doch dieses möchte vielleicht sein Absehen gewesen seyn, um den Schweizerisch- und Gottschedischen Gezäncken wenigstens in der Sprachlehre durch das Ansehen des Throns ein Ende zu machen. Zu glücklicher Ausführung dieses löblichen Endzwecks geht aber noch, wenn mir der Herr Verfasser erlaubet, ein kleiner Umstand ab, nemlich, daß entweder die Kayserliche Majestät sie dazu zwinge, oder daß beyde streitende Partheyen mit Herrn Antesperg einer Meynung seyen. Oder wird sie Kayserliche Grammatick genennet, daß selbige ein Römischer Kayser sich zur Erlernung der deutschen Sprach gebrauchen werde?"

Auch Antespergs Verslein von den raren Sprachlehrern wird glossiert: „Wie glücklich ware Herr Antesperg einen Dichter zu finden, der seiner Kayserlichen Seltenheit oder Ansehen so vieles Recht widerfahren läßt?" und findet eine passende gereimte Antwort:

„Allhier sind die Grammatici
streitbare Ziegen-böcke;
Die dünken sich kein schlechtes Vieh,
das zeigt ihr stoltz Geblöcke,
ihr hocherfahrner langer Bart
hegt auch kein Haar gemeiner Art,
und ihre Hörner siegen
in stolzen Wörterkriegen.

... Und in der That ist dieser Stoltz in der Vorrede dem Herrn Verfasser um so weniger zu vergeben, als seine Grammatik an sich selbst gut ist, und dergleichen pralerisches Ansehen zu erborgen, nicht vonnöthen hatte."

Gottsched selbst hat zur Verhärtung der Fronten nicht wenig beigetragen. Daß er sich zunehmend als Papst der deutschen Sprache und Literatur gerierte, erregte schon nach der Mitte der 30er Jahre zunehmenden Widerstand in den eigenen Reihen, so daß er 1738 aus der Deutschen Gesellschaft austrat, wozu freilich noch delikate Gründe gekränkter weiblicher Eitelkeit beigetragen haben dürften. In den 40er Jahren mehren sich die Widerstände gegen „die Tyrannei des Meißner Dialekts[31]". Für Gottsched wurde die Auseinandersetzung zum erbitterten lebenslangen Krieg, der auf keiner Seite an Angriffslust und Taktlosigkeiten zu wünschen übrig ließ.

Eine Akademie für Wien

Je schwieriger seine Stellung in Mittel- und Norddeutschland wurde, desto mehr suchte Gottsched nach einem neuen Wirkungsfeld und glaubte es in Wien finden zu können, wo er in Franz Christoph von Scheyb, dem Schauspieler Friedrich Wilhelm Weiskern und Johann

Christoph Löschenkohl, dem Sekretär des Grafen Nikolaus Esterházy, glühende Verehrer fand.
Scheyb war ein interessanter Mann mit einem ins Kautzige tendierenden Humor, der sich allerdings mehr in seinen Briefen als in jenem Werk manifestiert, das ihm zu Lebzeiten in Deutschland großen Ruhm als Dichter einbrachte, der Theresiade, einer äußerst mühsam lesbaren Huldigung an die Kaiserin in 7653 Alexandrinern.[32]
Als junger Mann verbrachte er, zunächst im Gefolge des kunstsinnigen Vizekönigs von Neapel, Alois Thomas Graf Harrach zu Rohrau, dann als Sekretär von dessen Sohn Johann Ernst, der bevollmächtigter Minister Kaiser Karls VI. beim Hl. Stuhl war, einige Jahre in Italien.[33] Besonders der römische Aufenthalt wurde fruchtbar für seine künstlerischen Interessen. Er lernte dort den späteren Hofmaler Maria Theresias, Martin van Meytens d. J. kennen, dem wir auch sein Porträt verdanken, und gehörte später dem Kreis der Wiener Akademie der bildenden Künste um Kaunitz an. Sein Œuvre reicht von archäologischen und kunsttheoretischen Untersuchungen über die Übersetzung der Vita des hl. Johann von Nepomuk, die Edition der Tabula Peutingeriana zu Gelegenheitsschriften über die Frage der ungarischen Grenzziehung, der Universitätsreform u. a. m. und schließlich neben seinen Dichtungen zu zahlreichen Zeitschriftenartikeln über Literaturfragen, in denen er sich als treuer Gottschedianer erwies.
Als Maria Theresia mit ihrer Familie im Jahre 1748 der Aufführung von Gottscheds „Cato" am Wiener Burgtheater beiwohnte, hielt dieser seine Stunde für gekommen.[34] Die Reise nach Wien war beschlossen, Gottscheds Ziel nichts Geringeres, als dort die Gründung einer Akademie zu erwirken, als deren Präsident er sich die erwünschte Resonanz erwartete. Seine Taktik war gar nicht ungeschickt. Erst ließ er eine Ode über die Sehnsucht, Maria Theresia zu sehen, voraneilen, dann erwirkte er durch den Grafen Nikolaus Esterházy eine Audienz, wobei Gottscheds Ehefrau den ersten Teil ihrer Übersetzung der Geschichte der Académie française überreichte. Der beiden Gottsched etwas dick aufgetragenes Lob über Maria Theresias Deutsch sollte die Wirkung wohl vertiefen. Nach der Audienz wurde diese erst recht Gegenstand Gottschedscher Kunst. Gedicht und Akademieplan gingen an Löschenkohl, von diesem an Esterházy, der wieder leitete beides der Fürstin Marie Karoline Trautson zu, die versprach, das Akademieprojekt der Kaiserin zu unterbreiten. Damit war eine wichtige Schlüsselposition gewonnen, denn die Trautson war Maria Theresias Vertraute, Erzieherin der älteren Töchter und Regisseuse vieler ergötzlicher Theaterabende am Hof,

wobei sie die Stücke mit den kaiserlichen und mit Kindern des Adels einstudierte.
Als die Fürstin nun auch noch an die Aufführung von Gottscheds „Atalanta“ ging, kannte das Entzücken des Dichters keine Grenzen, und er machte sich sofort erbötig, aus dem fernen Leipzig zu Hilfe zu eilen.
Für alle Fälle hat Weiskern Gottscheds Maria-Theresien-Gedicht „sehr schön und zierlich abgeschrieben“ und über den Grafen Esterházy dem einflußreichen Staatssekretär Johann Christoph v. Bartenstein und dem Präsidenten des Directoriums (der obersten Regierungsbehörde), dem Grafen Wilhelm Haugwitz, überreichen lassen. Nach seiner Rückkehr nach Leipzig erhielt Gottsched eine „schöne goldene Tabatiere mit etlichen Brillanten besetzt; die Frau Professorin aber eine kostbare brillantene Schmucknadel nachgeschicket[35]“. Gottsched zog aus einer durchaus üblichen Gnadenerweisung zu weitreichende Schlüsse und glaubte sich am Ziel seiner Wünsche.
Aber auch in Wien hatte sich der Professor Feinde gemacht. Es waren dies keine einflußreichen Leute, sondern – selbstverständlich – die Grammatiker am Orte. Antesperg wurde von Gottsched belächelt, der Angelpunkt der Polemik aber war Johann Siegmund Valentin Popowitsch, zu dem Gottsched selbst 1740 Kontakt gesucht hatte.
Popowitsch[36] stammte aus der Südsteiermark, war ein armer Bauernbub, dessen Talente ein Dorfkaplan entdeckte. Nach einigem Studieren unternahm er Reisen nach Italien, Malta, Frankreich und in die Schweiz, wobei seine Interessen vor allem der Geographie, der Topographie im besonderen, sowie der Botanik galten. Sein Ideal war das Leben des Privatgelehrten, so daß ihn nur äußerste Not hin und wieder in den Schuldienst zwangen. Schon früh begann er sich für sprachliche Probleme und insbesondere die Eigenheiten des österreichischen und steirischen Dialekts zu interessieren. Aber auch er kam zu der Überzeugung, daß man „die gröbsten Provinzialfehler in hochdeutschen Schriften vermeiden“ solle. Auch er ging nach Leipzig und trug sich mit dem Gedanken eines Grammatikentwurfs, vor dessen Veröffentlichung ihm jedoch Gottsched den Mut nahm
Popowitsch würde sich, schrieb ihm der Leipziger, vor der gelehrten Welt nur lächerlich machen, wie z. B. Antesperg in Wien, den seine angeborene Mundart gehindert habe, etwas Ordentliches für die hochdeutsche Sprache zu schaffen. Das war umso perfider, als Popowitschs Selbstvertrauen vor des berühmten Professors Zelebrität ohnehin dahinschwand. „Ich bin erstlich kein gebohrner Teutscher“, gesteht er später, „in dem komme ich aus solchen Gegenden, deren Lehrer selbst

nicht wissen Teutsch zu schreiben; in derer Schule von der Verbesserung der Landssprache und der Ausübung einer zierlichen Teutschen Redart mit keinem Worte gedacht wird[37]." Erst in seinen 1750 erschienenen „Untersuchungen vom Meere" rächte sich Popowitsch. Er warf Gottsched „rasenden Neuerungsgeist" vor, der die Sprache in der Absicht, sie zu verbessern, immer nur unrichtiger mache, und sprach offen aus, daß sein alter Grammatikentwurf viel besser gewesen wäre als Gottscheds „verworrener" (S. 101).

Popowitsch fand die Protektion des Wiener Erzbischofs Joseph Fürst Trautson und auch die Gunst Maria Theresias. Dabei mochten bei dem Fürstbischof vielleicht linguistische Interessen eine Rolle spielen, da ihm auch Carl Friedrich Aichinger seinen „Versuch einer teutschen Sprachlehre", ebenfalls ein Anti-Gottsched-Werk, widmete. 1753 wurde Popowitsch nach Wien berufen und zunächst mit Plänen für eine Reform der juridischen Studien betraut. Dann hatte er sich im Auftrag der Kaiserin gemeinsam mit Trautson mit der Errichtung eines neuen Universitätsgebäudes in Wien zu befassen. Es ist dies jenes Haus, das heute Sitz der Akademie der Wissenschaften ist.

Schließlich forderte Maria Theresia Popowitsch auf, eine Grammatik der deutschen Sprache für die österreichischen Schulen zu verfassen[38], über die dann die Gottschedianer, allen voran Scheyb, wie die Hornissen herfielen. Scheyb nannte ihn einen Narren und Sprach-Hussiten. Als Popowitsch sich den Witz erlaubte, den Namen Gottsched als Paradigma der Deklination männlicher Eigennamen zu verwenden, versuchte ihm dieser die Zensur auf den Hals zu hetzen und bemühte sich um eine gerichtliche Klage. Maria Theresia aber hatte ihn zum Professor der deutschen Sprache an der Wiener Universität gemacht, und nicht Gottsched, wie dessen Freunde immer noch gehofft zu haben scheinen.

Denn inzwischen waren auch die Akademiepläne Gottscheds zerronnen. Prinzipiell scheint die Kaiserin seinem Entwurf nicht abgeneigt gewesen zu sein; man zog einen Mann von einiger Zelebrität als Begutachter heran: Joseph Freiherr von Petrasch (1714–1772), der 1746 in Olmütz die „Societas incognitorum" gegründet hatte.[39]

Dieser ältesten gelehrten Gesellschaft auf dem Gebiet der habsburgischen Länder – die italienischen ausgenommen –, geboren aus dem Akademiegedanken, gehörten wichtige Männer an, so z. B.: Johann Ritter v. Baillou, der Direktor der kaiserlichen Naturaliensammlung (des Vorläufers des Naturhistorischen Museums in Wien), der protestantische Prediger Matthias Bel aus Preßburg, die Benediktiner-Historiographen

Hieronymus Pez aus Melk und Marquard Herrgott aus St. Blasien, auch Gottsched, Scheyb, Gerard van Swieten, der protestantische Historiker Johann David Köhler aus Göttingen, die Kardinäle Angelo M. Quirini und Domenico Passionei, die Jesuitenpatres Erasmus Fröhlich, als Numismatiker international anerkannt, und Joseph Lewald, Mathematikprofessor an der Universität Olmütz. Die Beziehungen zu Leipzig waren gut, die sprachlichen Ziele dieselben, dennoch tragen die „Societas" und ihre Zeitschrift, die „Ollmützer Monathlichen Auszüge Alt- und neuer Gelehrter Sachen", die außer Neuigkeiten aus der Welt der Wissenschaft vor allem ausführliche Buchbesprechungen brachten, einen gewissen patriotischen österreichischen Charakter, nicht ohne kritisch zu sein, wie die Rezension von Antespergs Grammatik zeigt.

Als Gutachter in Sachen Akademiegründung nun arbeitete Petrasch einen interessanten Entwurf aus, der, abweichend von Gottsched, neben einer Abteilung für die schönen Künste, worunter sich auch die deutsche Sprache befand, eine weitere, naturwissenschaftliche, vorsah. Im allgemeinen wurde aus Gründen der Loyalität das katholische Glaubensbekenntnis der Mitglieder erwartet. Mit der Bemerkung, daß man bei dem Vertreter der deutschen Sprache eventuell gezwungen sei, einen Sachsen, d. h. einen Protestanten, zu berufen, sollte offenbar für Gottsched eine Brücke gebaut werden. Gleichzeitig legte der Gutachter diesem die Konversion nahe, was Gottsched aber standhaft zurückwies. Petrasch sah offenbar seinen eigenen Vorschlag nicht als zwingend an und nannte als weitere Kandidaten Scheyb oder Antesperg. Antesperg hatte in seinem ABC-Buch die Verdienste der Akademien verschiedener Staaten für die Pflege der Landessprachen ebenfalls hervorgehoben (S. 44).

„Warum endlich", schrieb Petrasch, „sollen wir Lutheraner in katholische Länder aufnehmen, da doch dieselben gewiss keine Katholiken auf einer Kanzel der Hochschule oder des Hofes in evangelischen Ländern leiden[40]." Und die andere Seite? Ein Vierteljahr zuvor schrieb der Wittenberger Professor Bose am 19. Oktober 1749 an Gottsched, er sei von der Kanzel herab öffentlich apostrophiert worden: „Der geistliche meynte, es wäre doch kein Wunder, daß sich die Asche des Seel. Vaters Lutheri noch hier in ihrem Sarge umwendete, nachdem professores sich so weit vergäßen, und nach Rom, an den Papst, an die große babylonische Hure schreiben dürfften . . . und nun schreibt zuverlässig in gantz Wittenberg niemand dahin als ich, und es konte also nicht leicht auf jemand anders zielen[41]."

Der Akademieplan wurde von Haugwitz abschlägig behandelt; maßgebend dabei waren, bedenkt man die Belastung eines achtjährigen Krieges, zweifellos finanzielle Gesichtspunkte. Im Gutachten des Oberstkämmerers Johann Joseph Graf Khevenhüller klingt allerdings noch ein anderer interessanter Gesichtspunkt an. Er erwartet von einer Akademie vor allem die Verbesserung von Landwirtschaft und Industrie, des Münzwesens, der Berg-, Sud- und Schmelzwerke, sucht also vor allem wirtschaftliche Vorteile, und nicht „nutzlose Spielereien". War das eine Anspielung auf die Streitigkeiten der Grammatiker und vor allem auf Gottsched, für den die Akademie nach französischem Vorbild ja eine Akademie der Sprache werden sollte?

In der Gymnasialreform der österreichischen Provinz des im Schulwesen des 18. Jahrhunderts bedeutenden Piaristenordens aus dem Jahre 1763 finden sich Gottscheds und Popowitschs Sprachwerke nebeneinander auf dem Lehrplan. Die geringere Wirksamkeit des Antespergschen Œuvres war wohl nicht in einem Mangel an Qualität begründet. Seine Grammatik war wissenschaftlich wie didaktisch gewiß nicht schlechter als die seiner unmittelbaren Nachfolger; in manchem war er ihnen, selbst wenn man viel von seinem Eigenlob abstreicht, um eine Nasenlänge voraus.

Der Grund ist eher schlicht in Antespergs Lebensalter zu suchen. Als nach Beendigung des Österreichischen Erbfolgekrieges wieder innerstaatliche Probleme in den Vordergrund rückten und in den 50er Jahren die Schulreform in Angriff genommen wurde, war Antesperg ein guter Siebziger. Ob nun einer die „Kayserliche Grammatick" geschrieben oder Maria Theresia angedichtet hatte, stets ging es um die Wahrnehmung von Einflußsphären und Positionen. Was Wunder, daß die Jüngeren ihre Chancen nutzten?

Anmerkungen

1 Die Inventarnummer ist 1122 a. – Für nachstehende Angaben ist Frau Dr. Gertrud Smola, Abteilung für Kunstgewerbe am Landesmuseum Joanneum, Graz, herzlich zu danken. – Vgl. *Katalog der Kaiserin-Maria-Theresia-Ausstellung* (Wien [4]1888), 6, Nr. 83, und Gerda und Gottfried Mraz, *Maria Theresia. Ihr Leben und ihre Zeit in Bildern und Dokumenten* (München 1979), 179.

2 Vgl. z. B. Johann Willibald Nagl/Jakob Zeidler, *Deutsch-Österreichische Literaturgeschichte* 2 (Wien 1914), 49, und 3 (fortgesetzt von Eduard Castle, 1935), 50 und 89 f.; Josef Nadler, *Literaturgeschichte Österreichs* (Salzburg 1951), 181.; Max Hermann Jellinek, *Geschichte der neuhochdeutschen Grammatik 1* (Heidelberg 1913), 212 f.

3 Österreichisches Staatsarchiv Wien, Allgemeines Verwaltungsarchiv, Reichsadelsakten, „Antesperger“, fol. 1–14.

4 *Wienerisches Diarium* Nr. 1849, 19.–22. April 1721.

5 Vgl. Anm. 3.

6 Vgl. die österreichischen Hof- und Staats-Schematismen der betreffenden Jahre.

7 Archiv der Stadt Wien, Totenbeschauprotokolle, Bd. 49, fol. 21 r, und Bd. 59, fol. 11 v.

8 Reichsadelsakten, fol. 2 v.

9 Grete Klingenstein, *Vorstufen der theresianischen Studienreformen in der Regierungszeit Karls VI.*, in: Mitteilungen des Instituts für österreichische Geschichtsforschung 76 (1968), 364.

10 Karl Wotke, *Das Oesterreichische Gymnasium im Zeitalter Maria Theresias 1* (= Monumenta Germaniae Paedagogica 30, Berlin 1905), 4 bzw. 5. – Über die Volksschulen aller habsburgischen Länder vgl. Joseph Alexander Freiherr von Helfert, *Die Gründung der österreichischen Volksschule durch Maria Theresia* (Prag 1860).

11 Ebd. 7 und 9.

12 Alle Zitate aus: Antesperg, An Die Römische Kayserliche auch zu Hispanien/Hungarn und Böheim Königliche Catholische Majestät/ etc. etc. Allerunterthänigste Rede für die Verbesserung und Aufnahme unsrer lieben deutschen Muttersprache samt Uberreichung und Zuschrift einer neu erfundenen deutschen Sprachtabelle ... Die Einführung der deutschen Grammatik/ oder Sprachkunst in die offentlichen Schulen/ Buchdruckereyen und Canzleyen betreffend.

13 J. C. C. Rüdiger, *Grundriß einer Geschichte der menschlichen Spra-*

che nach allen bisher bekannten Mund- und Schriftarten 1 (Leipzig 1782), erwähnt S. 94 einen „Auszug aus dem deutschen kaiserlichen Schul- und Canzley-Worterbuche", erschienen in Wien 1738, den er aber nicht habe einsehen können. – Für den freundlichen Hinweis danke ich ebenso wie für solche über Popowitsch Frl. Roswitha Kornhofer, die an der Universität Wien eine Dissertation über „Die Bemühungen um die Entwicklung der deutschen Sprache als Literatursprache in Österreich in der zweiten Hälfte des achtzehnten Jahrhunderts" vorbereitet.

14 Zum folgenden vgl. besonders Gustav Waniek, *Gottsched und die deutsche Litteratur seiner Zeit* (Leipzig 1897), 83 ff., und Heinz Kindermann, *Theatergeschichte Europas 5* (Salzburg 1962), 13 ff.

15 Kindermann 46.

16 Vorrede zur Kayserlichen Deutschen Grammatick, unpaginiert.

17 Für die interessanten Gespräche danke ich Frau Botschafter a. D. Dr. Johanna Monschein und Herrn Mag. Ernst Seibert, beide Wien. – Als erste allgemein einführende Information siehe den Artikel „ABC-Buch" im *Lexikon der Kinder- und Jugendliteratur 1* (Weinheim-Basel 1975), 1 ff. Interessant ist der Vergleich mit dem Nürnberger ABC-Buch „Neu erfundener Lustweg zu allerley schönen Künsten und Wissenschaften" (Nachdruck der Ausgabe um 1700 mit Bildproben einer Ausgabe um 1810: Die bibliophilen Taschenbücher Nr. 159, Dortmund 1980), nach dem übrigens Friedrich II. von Preußen lesen gelernt haben soll. Die in Antespergs „Vorschule" verwendeten Buchstabenbilder finden sich mehrfach der Bildgestalt nach, noch häufiger in dem Anlaß, den Laut bildlich zu erklären, bereits in der Nürnberger Ausgabe um 1700.

18 Vgl. Franz Gall, *Österreichische Wappenkunde.* Handbuch der Wappenwissenschaft (Wien-Köln 1977), 48 f. – Das Büchlein ist laut freundlicher Auskunft von Frau Dr. Smola 16,5 cm hoch, 11 cm breit und 13 mm stark. Die Blattgröße beträgt 16,2 cm × 10,75 cm.

19 Aus der Widmung der Sprachtabelle.

20 Vgl. zum Ganzen Fritz Valjavec, *Geschichte der abendländischen Aufklärung* (Wien-München 1961), bes. 94 ff.

21 Friederike Wachter, *Die Erziehung der Kinder Maria Theresias* (phil. Diss. Wien 1968), 56, über die Erziehung Erzherzog Josephs 99 ff.; Mraz, *Maria Theresia,* 178 ff.

22 Alfred Ritter v. Arneth, *Geschichte Maria Theresias 4* (Wien 1870), 156 bzw. 159.

23 Rudolf Graf Khevenhüller-Metsch/Hanns Schlitter, *Tagebuch des Fürsten Johann Joseph Khevenhüller-Metsch, kaiserlichen Oberst-hofmeisters 1742–1776* 1 (Wien-Leipzig 1907), 211 zum 24. 2. 1744.

24 Arneth 157 ff.

25 Österr. Staatsarchiv Wien, Haus-, Hof- und Staatsarchiv, Familien-Akten, Karton 54, fol. 2.

26 *Briefe der Kaiserin Maria Theresia an ihre Kinder und Freunde,* hg. von Alfred Ritter v. Arneth, 4 (Wien 1881), 127, Anm. 1. – „Oberhaupt der Familie“ war Josef II.

27 Der vollständige Titel lautet: Die Kayserliche Deutsche Grammatick, Oder Kunst, die deutsche Sprache recht zu reden, Und ohne Fehler zu schreiben, mit zulänglichen Vor- und Anmerkungen, Zum Nutzen des gemeinen Wesens, und deren, welche des regelmäßigen Verstandes und reinen Ausdruckes in eigener Sprache mächtig seyn wollen, oder ihres Amtes und Geschäfte halber seyn sollen. In vier Theilen, samt einem Examine, mit sonderbarem Fleiß deutlich und vollkommen in otio Viennensi Ausgearbeitet Von Johann Balthasar von Antesperg, verschiedener des H. R. R. Fürsten und Stände Rath, Redner und Agenten am Kayserl. Hofe, wie auch Mitglied der Deutschen Gesellschaft in Leipzig. – Über Heyringer vgl. Anton Mayer, *Wiens Buchdrucker-Geschichte 2* (Wien 1887), 25.

28 Siehe die Zusammenstellungen bei Jellinek im 2. Band, passim.

29 Vorrede § XXI. – Im 2. Teil bringt er eine ganze Reihe solcher böser Dialektbeispiele, so: *Ea laft a mid* = Er läuft auch mit. *Jetz kimt da Hea Voda und Frau Mueda* = Jetzt kommt der Herr Vater und Frau Mutter. *I sag enks, gehts not aba* = Ich sage es euch, geht nicht herunter.

30 *Neuer Büchersaal 4* (Leipzig 1747), 560–573.

31 Waniek 274.

32 Nagl-Zeidler 2, 63, bzw. die Seiten davor.

33 Vgl. Scheybs Brief an Gottsched vom 16. 12. 1750 bei Th. W. Danzel, *Gottsched und seine Zeit. Auszüge aus seinem Briefwechsel* (Leipzig 1848), 298 f.

34 Zum Folgenden vgl. vor allem das Kapitel XVII bei Waniek, 545 ff., wo auch die Beziehungen zu Süddeutschland behandelt werden, und die Briefe bei Danzel 305 ff.

35 *Neuer Büchersaal 9* (1750), 185.

36 Über diesen vgl., außer den eingangs genannten Handbüchern, Vladimir Prestini, *Johann Siegmund Valentin Popowitsch. Eine Mono-*

graphie als Beitrag zur Geschichte der deutschen Grammatik (phil. Diss. Wien 1913); ferner, den Stand der Forschung zusammenfassend, Kurt Adel, *Sprache und Dichtersprache in Österreich in der zweiten Hälfte des achtzehnten Jahrhunderts,* in: Österreich in Geschichte und Literatur 15 (1971), 147 ff.

37 Prestini 45.

38 Die nothwendigsten Anfangsgründe der Teutschen Sprachkunst zum Gebrauche der Österreichischen Schule auf allerhöchsten Befehl ausgeferdiget von Joh. Siegm. Val. Popowitsch kais. königl. öffentl. Lehrer der Teutschen Beredsamkeit auf der Wiennerischen hohen Schule, wie auch Herzoglichem in der Savoyisch-Lichtensteinischen Akademie (Wien 1754).

39 Über die Akademiepläne informiert immer noch am besten Joseph Feil, *Versuchung zur Gründung einer Akademie der Wissenschaften unter Maria Theresia,* in: Jahrbuch für vaterländische Geschichte 1 (1861), 319 ff. – Über Petrasch zuletzt Eduard Wondrák, *Die Olmützer „Societas incognitorum",* in: Die Aufklärung in Ost- und Südosteuropa. Aufsätze, Vorträge, Dokumentationen, red. v. Heinz Ischreyt (Köln-Wien 1972), 215 ff.

40 Feil 335.

41 Danzel 313.

42 Feil 357.

Die bibliophilen Taschenbücher

In der Reihe „Die bibliophilen Taschenbücher“
erscheinen berühmte und originelle Bücher und Dokumente
aus vergangenen Jahrhunderten und Jahrzehnten
in ihrer ursprünglichen Typographie.
Zum Lesen, Sammeln und Verschenken.

Die einzelnen Gruppen:

Kulturgeschichte
Geschichte und Gesellschaft
Literatur
Märchen, Sagen, Sammlungen
Alte Kinderbücher
Kunst und Architektur
Karikaturen
Erotica
Natur und Tiere
Kulinarisches
Länder, Reisen, Veduten
Kassetten-Editionen
Bibliophile Kunstpostkarten

Gesamtverzeichnis bei Ihrem Buchhändler

Alte Kinderbücher

Ludwig Bechstein's Märchenbuch
Nach der Ausgabe von 1853
Die bibliophilen Taschenbücher Nr. 5
174 Holzschnitte von Ludwig Richter
280 Seiten, 9,80 DM

Wilhelm Hey
Funfzig Fabeln für Kinder
Nach der Ausgabe von 1833
Mit einem Nachwort von Walter Scherf
Die bibliophilen Taschenbücher Nr. 28
50 Tafeln von Otto Speckter
166 Seiten, 9,80 DM

Johann Amos Comenius
Orbis sensualium pictus
Nach der Ausgabe von 1658
Mit einem Nachwort von Heiner Höfener
Die bibliophilen Taschenbücher Nr. 30
405 Seiten, 172 Abbildungen
14,80 DM

Robert Reinick
ABC-Buch für kleine und große Kinder
Nach der Ausgabe von 1876
Mit einem Nachwort von Ulrike Bessler
Die bibliophilen Taschenbücher Nr. 31
27 Tafeln, 178 Seiten, 6,80 DM

Wilhelm Hey
Noch funfzig Fabeln
Nach der Ausgabe von 1837
Mit einem Nachwort von Walter Scherf
Die bibliophilen Taschenbücher Nr. 52
50 Farbtafeln von Otto Speckter
150 Seiten, 12,80 DM

Joachim Heinrich Campe
Robinson der Jüngere
Nach der Ausgabe von 1860
Mit einem Anhang von Reinhard Stach
Die bibliophilen Taschenbücher Nr. 55
46 Holzschnitte von Ludwig Richter
352 Seiten, 14,80 DM

Georg Scherer (Hrsg.)
Alte und neue Kinderlieder
Nach der Ausgabe von 1849
Herausgegeben von Hubert Göbels
Die bibliophilen Taschenbücher Nr. 65
80 Abbildungen von W. v. Kaulbach, Ludwig Richter u. a.
207 Seiten, 7,80 DM

Friedrich Güll
Kinderheimath
Nach der Ausgabe von 1836
Herausgegeben von Hubert Göbels
Die bibliophilen Taschenbücher Nr. 71
10 Radierungen von J. Nisle
212 Seiten, 8,80 DM

Joachim Heinrich Campe
Abeze- und Lesebuch
Nach der Ausgabe von 1830
Herausgegeben von Hubert Göbels
Die bibliophilen Taschenbücher Nr. 78
25 vierfarbige Abbildungen
273 Seiten, 12,80 DM

A. G. Eberhard
Hanchen und die Küchlein
Nach der Ausgabe von 1840
Herausgegeben von Hubert Göbels
Die bibliophilen Taschenbücher Nr. 80
10 Abbildungen von Otto Speckter
222 Seiten, 9,80 DM

Hans Christian Andersen
Gesammelte Märchen
Mit Illustrationen von Vilhelm Pedersen
Herausgegeben von Hubert Göbels
Die bibliophilen Taschenbücher Nr. 89
518 Seiten, 125 Abbildungen, 14,80 DM

F. E. von Rochow
Der Kinderfreund
Ein Lesebuch zum Gebrauch in Landschulen
Nach der Erstausgabe von 1776
Herausgegeben und mit einer illustrierten Bibliographie versehen von Hubert Göbels
Die bibliophilen Taschenbücher Nr. 96
207 Seiten, 55 Abbildungen, 12,80 DM

Friedrich Justin Bertuch
Bilderbuch für Kinder
Eine Auswahl
Herausgegeben von Hubert Göbels
Die bibliophilen Taschenbücher Nr. 101
189 Seiten, 80 Farbtafeln, 16,80 DM

Christoph von Schmid
Zweiundfünfzig Bilder für die Jugend
Nach der Ausgabe um 1830
Herausgegeben von Hubert Göbels
Die bibliophilen Taschenbücher Nr. 107
128 Seiten, 52 Tafeln, 6,80 DM

Johannes Andreas Christian Loehr
Erstes Bilder- und Lehrbuch
Nach der ersten Ausgabe um 1805
Illustrationen von
Johann Stephan Capieux u. a.
Herausgegeben von Hubert Göbels
Die bibliophilen Taschenbücher Nr. 111
224 Seiten, 50 Farbtafeln, 14,80 DM

Jacob Eberhard Gailer
Neuer Orbis pictus für die Jugend
Nach der viersprachigen
Ausgabe von 1835
Herausgegeben von Hubert Göbels
Die bibliophilen Taschenbücher Nr. 116
Dünndruckausgabe
1056 Seiten, 322 Abbildungen, 24,– DM

Hubert Göbels
Hundert alte Kinderbücher aus dem 19. Jahrhundert
Eine illustrierte Bibliographie
Die bibliophilen Taschenbücher Nr. 123
300, teilweise farbige Abbildungen
461 Seiten, 28,– DM

Klaus Groth
Vaer de Gaern
Kinderreime alt und neu
Nach der Erstausgabe von 1858
Herausgegeben von Hubert Göbels
Die bibliophilen Taschenbücher Nr. 135
52 Illustrationen von Ludwig Richter
138 Seiten, 7,80 DM

Cürieuse Bilder-Bibel
Nach der Ausgabe von 1806
Herausgegeben von Hubert Göbels
Die bibliophilen Taschenbücher Nr. 139
zahlreiche farbige Abbildungen
149 Seiten, 16,80 DM

Bilder zum ersten Anschauungsunterricht für die Jugend
Nach der Ausgabe von 1889
Herausgegeben von Hubert Göbels
Die bibliophilen Taschenbücher Nr. 155
60 Farbseiten, insgesamt ca. 150 Seiten
14,80 DM

Neu erfundener Lustweg zu allerley schönen Künsten und Wissenschaften
Nach einer Kupferstichausgabe
des 18. Jahrhunderts
Herausgegeben von Hubert Göbels
Die bibliophilen Taschenbücher Nr. 159
zahlreiche, teilweise farbige Abbildungen
150 Seiten, 12,80 DM

Das Josephinische Erzherzogliche A.B.C. oder Namenbuechlein
Nach dem Original
im Landesmuseum Joanneum in Graz
Nachwort von Gerda Mraz
Die bibliophilen Taschenbücher Nr. 167
Über 40 Farbseiten
insgesamt ca. 70 Seiten, 12,80 DM

Neu im Mai
Dreihundert berühmte deutsche Männer
Bildnisse und Lebensabrisse
Nach der vermehrten Ausgabe von 1890
Illustrationen von Hugo Bürkner
Herausgegeben von Hubert Göbels
Die bibliophilen Taschenbücher Nr. 174
ca. 320 Seiten, 9,80 DM

Neu im Juli

Christian Gotthilf Salzmann

Moralisches Elementarbuch

Nach der ersten
illustrierten Ausgabe von 1785
Mit 67 Kupfern nach Chodowiecki
Herausgegeben von Hubert Göbels
Die bibliophilen Taschenbücher Nr. 184
ca. 490 Seiten, 16,80 DM

Neu im September

Hubert Göbels

Hundert alte Kinderbücher aus Barock und Aufklärung

Eine illustrierte Bibliographie
Die bibliophilen Taschenbücher Nr. 196
300, teils farbige Abbildungen
ca. 450 Seiten, 28,– DM

Kulturgeschichte

Die Gutenberg-Bibel
Nach der Ausgabe von 1450–1455
Mit Nachworten von Wieland Schmidt
und Aloys Ruppel
Die bibliophilen Taschenbücher Nr. 1
320 Seiten, 14,80 DM

Kladderadatsch
1. Jahrgang – 1848
Die bibliophilen Taschenbücher Nr. 3
140 Seiten, 82 Abbildungen, 9,80 DM

Das Lob des Tugendsamen Weibes
Nach der Ausgabe von 1885
Die bibliophilen Taschenbücher Nr. 7
30 Illustrationen von L. von Kramer
60 Seiten, 6,80 DM

Pater Hilarion alias Joseph Richter
Bildergalerie weltlicher Misbräuche
Nach der Ausgabe von 1785
Die bibliophilen Taschenbücher Nr. 8
270 Seiten, 20 Tafeln, 9,80 DM

Christoph Weigel
Abbild- und Beschreibung der Gemein-Nützlichen Haupt-Stände
Nach der Ausgabe von 1698
Die bibliophilen Taschenbücher Nr. 9
434 Seiten, 210 Tafeln, 14,80 DM

Anmuth und Schönheit
Nach der Ausgabe von 1797
Die bibliophilen Taschenbücher Nr. 21
317 Seiten, 5 Abbildungen, 9,80 DM

Alte Bilderrätsel
Aus dem 19. Jahrhundert
Mit einem Nachwort von Ulrike Bessler
Die bibliophilen Taschenbücher Nr. 22
151 Seiten, 69 Tafeln, 6,80 DM

Karl Friedrich Flögel
Geschichte des Grotesk-Komischen
Nach der Ausgabe von 1862
Die bibliophilen Taschenbücher Nr. 24
548 Seiten, zahlreiche Farb- und Schwarzweiß-Abbildungen sowie alle Klapp- und Verwandlungseffekte
16,80 DM

Herzensangelegenheiten. Liebe aus der Gartenlaube
Aus dem 19. Jahrhundert
Mit einem Nachwort von Marianne Bernhard
Die bibliophilen Taschenbücher Nr. 26
156 Seiten, 102 Abbildungen, 6,80 DM

Kaiser-Wilhelm-Album
Mit einer Chronologie von Heiner Höfener
Die bibliophilen Taschenbücher Nr. 34
180 Seiten, 82 Abbildungen, 12,80 DM

Hans Burgkmair d. J.
Turnier-Buch
Nach der Ausgabe von 1853
Mit einem Nachwort von R. Bentmann
Die bibliophilen Taschenbücher Nr. 43
27 Farbtafeln nach Hans Burgkmair
86 Seiten, 9,80 DM

Andreas & Angela Hopf
Alte Exlibris
Die bibliophilen Taschenbücher Nr. 48
220 Abbildungen, davon 32 in Farbe
240 Seiten, 16,80 DM

Oscar Ludwig Bernhard Wolff
Naturgeschichte des Deutschen Studenten
Nach der Ausgabe von 1847
Die bibliophilen Taschenbücher Nr. 53
232 Seiten, 29 Abbildungen, 9,80 DM

U. Drumm/A. W. Henseler/E. J. May
Alte Wertpapiere
Die bibliophilen Taschenbücher Nr. 62
170 farbige Abbildungen
240 Seiten, 19,80 DM

Robert Lebeck (Hrsg.)
Reklame-Postkarten
Mit einem Nachwort von Jürgen Kesting
Die bibliophilen Taschenbücher Nr. 69
80 meist farbige Abbildungen
176 Seiten, 16,80 DM

Elke Dröscher
Puppenwelt
Die bibliophilen Taschenbücher Nr. 70
80 farbige Abbildungen
172 Seiten, 16,80 DM

Fliegende Blätter
1844–1854. Eine Auswahl
Herausgegeben von
Marianne Bernhard
Die bibliophilen Taschenbücher Nr. 74
zahlreiche Abbildungen
213 Seiten, 9,80 DM

Bilder-Gallerie
Nach der Ausgabe von 1825/27
Mit einem Nachwort von Heiner Höfener
Die bibliophilen Taschenbücher Nr. 83
226 Tafeln
540 Seiten, 14,80 DM

Pariser Mode vor hundert Jahren
Mit einem Nachwort von Ruth Bleckwenn
Die bibliophilen Taschenbücher Nr. 86
42 vierfarbige Abbildungen
127 Seiten, 12,80 DM

Ruth Malhotra
Manege frei
Artisten- und Zirkusplakate
von Adolph Friedländer
Die bibliophilen Taschenbücher Nr. 91
128 farbige Abbildungen
296 Seiten, 19,80 DM

Johann Willsberger
Alte Cameras
Die bibliophilen Taschenbücher Nr. 93
68 farbige Abbildungen
151 Seiten, 14,80 DM

Robert Lebeck (Hrsg.)
Herzlichen Glückwunsch
80 alte Postkarten
Mit einem Nachwort von Gerhard Kaufmann
Die bibliophilen Taschenbücher Nr. 94
80 farbige Abbildungen
175 Seiten, 16,80 DM

Albert Robida
Luftschlösser der Belle Époque
100 utopische Zeichnungen
Herausgegeben von Winfried Petri
Die bibliophilen Taschenbücher Nr. 97
100 Abbildungen, teilweise farbig
213 Seiten, 12,80 DM

Kurt K. Doberer
Schöne Briefmarken
Die bibliophilen Taschenbücher Nr. 99
80 farbige Abbildungen
172 Seiten, 16,80 DM

Elke Dröscher
Puppenleben
Die bibliophilen Taschenbücher Nr. 103
80 farbige Abbildungen
123 Seiten, 16,80 DM

Robert Lebeck (Hrsg.)
Bitte recht freundlich
80 alte Postkarten
Mit einem Nachwort von Manfred Sack
Die bibliophilen Taschenbücher Nr. 105
80 farbige Abbildungen
180 Seiten, 16,80 DM

Wilhelm Wolf
Fahrrad und Radfahrer
Nach der Ausgabe von 1890
Nachwort von Hans-Erhard Lessing
Die bibliophilen Taschenbücher Nr. 106
270 Seiten, 342 Abbildungen, 9,80 DM

Rebusbilder
Aus der Wiener allgemeinen Theaterzeitung
Nachwort von Fritz Bernhard
Die bibliophilen Taschenbücher Nr. 108
92 Seiten, 46 Farbtafeln, 14,80 DM

Glücks-Rädlein oder
Wahrsagungs-Büchlein
Nach der Ausgabe von 1676
Die bibliophilen Taschenbücher Nr. 112
100 Seiten, 6,80 DM

Robert Lebeck (Hrsg.)
Angeberpostkarten
Nachwort von Josef Müller-Marein
Die bibliophilen Taschenbücher Nr. 115
80, meist farbige Abbildungen
173 Seiten, 14,80 DM

Philipp Franz von Gudenus
Reiter, Husaren
und Grenadiere
Die Uniformen der Kais. Armee 1734
Herausgegeben von Hans Bleckwenn
Die bibliophilen Taschenbücher Nr. 125
93 Seiten, 40 Farbtafeln, 14,80 DM

Journal des Luxus und der Moden
80 kolorierte Kupfer
aus Deutschlands erster Modezeitschrift
Ausgewählt und erläutert
von Christina Kröll
Die bibliophilen Taschenbücher Nr. 117
80 farbige Abbildungen
182 Seiten, 16,80 DM

Andreas & Angela Hopf
Exlibris der Dame
Die bibliophilen Taschenbücher Nr. 119
90, meist farbige Abbildungen
196 Seiten, 16,80 DM

Fritz Bernhard
Ballspenden
Die bibliophilen Taschenbücher Nr. 127
120 Farbfotos von Elke Dröscher
247 Seiten, 19,80 DM

Das Hausbuch der Cerruti
Nach der Handschrift in der
Österreichischen Nationalbibliothek
Übertragung und Nachwort
von F. Unterkircher
Die bibliophilen Taschenbücher Nr. 130
212 Farbseiten
insgesamt 227 Seiten, 24,80 DM

F. Bernhard/F. Glotzmann
Spitzenbilder
Die bibliophilen Taschenbücher Nr. 131
80 kolorierte Pergamentschnitte
188 Seiten, 16,80 DM

Reingard Witzmann
Freundschafts- und Glückwunschkarten aus dem Wiener Biedermeier
Herausgegeben vom Historischen Museum
der Stadt Wien
Die bibliophilen Taschenbücher Nr. 134
113 farbige Abbildungen
200 Seiten, 19,80 DM

Johann Wilhelm Petersen
Geschichte der deutschen National-Neigung zum Trunke
Nach der Ausgabe von 1782
Nachwort von Arno Kappler
Die bibliophilen Taschenbücher Nr. 138
180 Seiten, 6,80 DM

Ernst W. Mick
Altes Buntpapier
Die bibliophilen Taschenbücher Nr. 140
ca. 100 Farbseiten
insgesamt 175 Seiten, 24,80 DM

Rainer E. Lotz
Grammophonplatten aus der Ragtime-Ära
Die bibliophilen Taschenbücher Nr. 141
80 farbige Abbildungen
212 Seiten, 16,80 DM

Robert Lebeck (Hrsg.)
Riesen, Zwerge, Schauobjekte
80 alte Postkarten
Mit einem Nachwort von Ulrich Bischoff
Die bibliophilen Taschenbücher Nr. 143
177 Seiten, 16,80 DM

Albert Pick
Altes Papiergeld
Die bibliophilen Taschenbücher Nr. 145
ca. 120 farbige Abbildungen
248 Seiten, 19,80 DM

Eduard Polak
Bunte Eier aus aller Welt
Die bibliophilen Taschenbücher Nr. 146
80 farbige Abbildungen
181 Seiten, 14,80 DM

Johann Wolfgang von Goethe
Juristische Abhandlung über die Flöhe
Lateinisch und mit deutscher Übersetzung.
Illustrationen von Johann Peter Lyser.
Nach der Ausgabe von 1866
Die bibliophilen Taschenbücher Nr. 147
136 Seiten, 6,80 DM

Robert Lebeck (Hrsg.)
Liebig's Sammelkarten
Eine Auswahl von 168 Bildern
Die bibliophilen Taschenbücher Nr. 148
ca. 190 Seiten, 19,80 DM

Alexander Baumann
Ehrenbusch'n für d'Österreicher Armee
Nach der Buchausgabe von 1853
Nachwort von Sepp Joseph
Die bibliophilen Taschenbücher Nr. 150
143 Seiten, zahlreiche Abbildungen
6,80 DM

Das Falkenbuch Kaiser Friedrichs II.
Nach der Prachthandschrift in der Vaticana.
Erläuterungen von C. A. Willemsen
Die bibliophilen Taschenbücher Nr. 152
222 Farbseiten
insgesamt 305 Seiten, 28,– DM

Ruth Eder
Theaterzettel
Die bibliophilen Taschenbücher Nr. 153
120 Abbildungen, 251 Seiten, 12,80 DM

Julius Jakob
Wörterbuch des Wiener Dialektes
Die bibliophilen Taschenbücher Nr. 156
Nach der Erstausgabe von 1929
237 Seiten, 8,80 DM

J. M. F. v. Endter (Hrsg.)
Das Tagebuch des Meister Franz, Scharfrichter zu Nürnberg
Nach der Buchausgabe von 1801.
Mit Erläuterungen und einem Nachwort von J. C. Jacobs und H. Rölleke
Die bibliophilen Taschenbücher Nr. 160
240 Seiten, 12,80 DM

Die Kunst in der Liebe und Freundschaft eine glückliche Wahl zu treffen
Mit 32 kolorierten Porträts.
Nach der Ausgabe von 1816
Die bibliophilen Taschenbücher Nr. 161
116 Seiten, 12,80 DM

Völkergallerie Europas
60 Farbtafeln.
Nach der Buchausgabe von 1830.
Nachwort von Gretel Wagner
Die bibliophilen Taschenbücher Nr. 162
141 Seiten, 16,80 DM

Europäische Kaufrufe I
Mitteleuropa, England, Rußland
Die bibliophilen Taschenbücher Nr. 163
Über 90, großenteils farbige Abbildungen
ca. 200 Seiten, 19,80 DM

Robert Lebeck (Hrsg.)
Frisch, fromm, fröhlich, frei
80 alte Postkarten
Die bibliophilen Taschenbücher Nr. 166
ca. 180 Seiten, 16,80 DM

Neu im Mai
Europäische Kaufrufe II
Frankreich, Italien, Iberische Halbinsel, Konstantinopel
Die bibliophilen Taschenbücher Nr. 172
Über 80, teilweise farbige Abbildungen
ca. 170 Seiten, 16,80 DM

Neu im Mai
Hans J. Schickedanz (Hrsg.)
Der Dandy
Texte und Bilder aus dem 19. Jahrhundert
Die bibliophilen Taschenbücher Nr. 173
70, teils farbige Abbildungen
ca. 210 Seiten, 14,80 DM